子贡曰:"夫子温、良、恭、俭、让以得之。"

子曰:"君子矜而不争,群而不党。"

"子温而厉,威而不猛,恭而安。"

——《论语》

回归心灵的安乐
——《论语》的智慧

梁 瑾 编著

社会科学文献出版社
SOCIAL SCIENCES ACADEMIC PRESS (CHINA)

在孔子铜像前的话 （代序）

当笔者在国家博物馆门前瞻仰孔子的青铜塑像时，心情激动不已，浮想联翩。孔子是炎黄子孙心目中最崇敬的偶像；孔子的话是中华儿女世代传承的名言警句；孔子的思想是中华民族历经风雨而永不磨灭的信仰。孔子又是一个生不逢时的常人，他生于苦难，长于战乱，成于书生。由于历代帝王的赐封和名家的推崇，孔子成了"天不生仲尼，万古如长夜"的圣人。然而，细细想来，孔子确实是一个普普通通的凡人，他不信神鬼、不迷权贵，说的都是很现实的人间真话。他聪明而不浮躁，智慧而不谋私，虽四处碰壁却坚持真理。《论语》的每一句看似平凡人的平常话，实则具体生动，具启发而生智慧，有趣味而发人理。纵观古今中外历史，孔子是最早构建人类精神家园的先哲，伴随着社会的发展和人类的进步，特别是近30多年来科技的突飞猛进和物质生活的丰富多彩，精神力量在与物质力量的交互作用中凸显弱势，以致出现了物欲横流、损公肥私、损人利己等许多道德缺乏的现象。虽然孔子思想早已融入人们的血液，孔子言语已渗透在人们的言语中，但因为是古人而遥不可及，又因为是圣人而高不可攀，多数人把孔子归属"知识分子"，将《论语》束之高阁。《论语》也是一本好学的书，许多内容已成为人们的格言和成语，但不少人忽略孔子"学而时习之"、"传而不习乎"的循循教诲，养成了只重学不重习，知而不行，行而不慎的陋习。

　　本书即将完成之际，恰逢孔子铜像落成。这是笔者在本书写作前没有想到的，纯属巧合。笔者之所以品读《论语》，是源于自己大半生的经历和《论语》的不解缘分。

　　早在大学时代，有一天，田世英教授把笔者叫到他的办公室兼宿舍（筒子楼），让笔者把司马迁的《孔子世家》翻译成白话文。田世英老师是新中国成立后中央人民政府出版总署编审局地理组长，人民教育出版社地理编辑室主任，是1957年高中地理课本的撰写人，由于被打成"右派"下放到山西大学任教。当时笔者也没问清楚他要笔者翻译《孔子世家》的意思，因为是自己敬重的老师，就认真地做了。等他看了笔者译的白话文《孔子世家》后只说了一句"很好"。从此，笔者开始接触《论语》，并死记硬背了一些经典名言。后来从事教师工作，动不动也用"子曰"教育学生。此后的20多年里，虽然整天忙于工作，却始终没有"离开"过孔子。欣喜的是《论语》给了笔者许多智慧和激励，如果说笔者的工作有点成绩，都得益于孔子和他的《论语》。由此，笔者对孔子一直充满了崇敬。由于是用真心去读，毫无目的去想，自由自在去写，竟然也有了些自己的体悟。经过两年的努力集成了《回归心灵的安乐》一书。

　　孔子被尊为"万世师表"一点都不过分。可千百年来人们把他当儒、释、道三教之首的儒教教主就让老人家遭罪了。因为是圣人，他说的话对谁不利谁就骂他。又因为是圣言，人们在引用他的话时专拣有利于自己的话说，根本不管老人家说话的本意是

在孔子铜像前的话（代序）

什么。所以，无论出于什么目的，把孔子神化或丑化，把他的话当招牌或滥用都是别有用心的。春秋末年，孔子凭着自己的社会良心和智慧，提出了一系列挽救社会危局的主张，如推崇尧舜之君，"举直错诸枉"；倡导社会改良，反对暴力；"克己复礼"，重建社会秩序；用"小人"贬斥诸侯、公卿、士大夫，用"君子"拷问权贵；重塑"仁、智、勇"三达德和"温、良、恭、俭、让"等人格品质，促使整个社会文明进步。但孔子的良苦用心遭到了诸侯列国权贵的拒绝，反而使自己处在"累累如丧家犬"的窘迫境地。从西汉以后，历经董仲舒、朱熹等大师们的发扬光大，儒家思想才被包装成封建专制的"看家狗"。到了近代，随着西方民主、自由、平等、博爱、科学等思潮的涌来，孔子被当作封建专制思想的祖师爷，被一些民主斗士们打成了"落水狗"。到了现代的思想运动中，孔子又被莫名其妙地和一些政治人物联系在一起，受到了前所未有的大批判。事实证明，许多当年喊着"打倒孔家店"的人后来又都把孔子扶正了。如，在新文化运动中，陈独秀对孔子和儒家思想也绝非全盘否定。早在1917年，他就在《古文与孔教》中说，"孔子优点，仆未尝不服膺"。1937年10月1日，刚出狱的陈独秀在《东方杂志》上发表文章《孔子与中国》，明确表示，"在现代知识的评定下，孔子有没有价值，我敢肯定说有"。又如，新文化运动的主将胡适，后来也对儒家学说进行了深入系统的研究。晚年的胡适"圣人"不离口，据他的秘书胡颂平解释，"先生平日口头上说的圣人都指孔子"，也常把孔子称为"老祖宗"，他说："我还是讲我们的老祖宗吧，我们的老祖宗孔夫子是近人情的。"毛泽东也在新中国成立之初说："治国就是治吏，礼义廉耻，国之四维，四维不张，国将不国。"虽然历史上对孔子的评价有很大的反复，但无论怎样，孔子硬是凭着自己"知其不可为而为之"的倔强一直"活"到现在。今天，我们应该澄清历史，抹掉强加在孔子身上的不实之词，直面孔子，研读《论语》，把孔子和封建皇权思想及"三纲五常"、"三从四德"等封建道德观念撇清楚，这样才能显现出孔子的思想光芒。

　　进入高速发展的现代化建设时期的中国，需要现代文化的支撑，也需要历史上优秀文化的传承。因此，这些年国学悄然兴起，长时间被禁锢着思想的人们渴望了解自己民族的传统文化思想。各种关于孔子的著述、论坛通过各种媒体传播开来，其中不乏真知灼见，也有些是牵强附会的戏说。这些都是有益的探索，但也难免把人的思想弄糊涂了。但是，经典的论述、精辟的论断不会因人们的随意解读而失去自身的价值。现在也不要再说"古为今用，洋为中用"或"为我所用"之类的话。无论是谁在读《论语》，难免带着现代"先进文化"的标识或为了迎合某种舆论去解读。孔子毕竟和我们相隔两千五百多年，笔者重读《论语》只是在用《论语》解读当今的社会和人，用旧道德中的美好看一看现实道德的"新衣裳"。更是在解读自己，知其得失，明其心志，得其安乐。今天，我们不妨把孔子退回到春秋末年去看（相当于大学校园里的博士生导师），把《论语》放在当时的时代背景和语境中去读（相当于教学活动中的师生对话），用一颗平常心考量孔子的言行，品味其卓越的智慧，体会其圣洁的心灵。综观孔子一生，人身自由让他活得自在（想去哪去哪、想干啥干啥）；反省修身让他活得心安（大德不逾闲、小德出入可也）；言论自由让他活得自乐（说不说由我、听不听由你）。今日，让人们都能走近孔子，让孔子走下圣坛，进入寻常百姓人家，让炎黄子孙们回归人类最早的精神家园，共享人生的智慧和心灵的自在、安宁和自乐。这是笔者所期盼的。

梁　瑾

壬辰年六月初五

说　明

一　由于所学专业和教育工作的需要，接触孔子思想比较多，自己曾在20世纪90年代初编辑了《论语选编》的小册子，以方便阅读并希望青年学生了解儒家思想，继承优秀传统思想，培养优良道德品质。退休后闲来无事，不断翻阅《论语》及有关研究书籍和资料，竟然也生发出一些自觉和体悟，促使笔者决心把它写出来与大家分享。

二　既然是选编就难免有疏漏，更何况是自己个人选编。这如同小时候在麦田里拾麦穗，捡多少遍也捡不干净。

三　在本书的编写过程中，笔者打破了《论语》原书篇目，重新编辑为六部分。意在阐明孔子的主要思想和笔者的见解。

四　《论语》一书共20篇492条目。本书只选编了其中300余条目。

五　为方便读者在学习时与原文对照，特在每条语录前注明原篇数和条目数，如4.24，就是原《论语》中第四篇《里仁篇》中的第24条目："子曰：'君子欲讷于言而敏于行。'"

六　孔子思想博大精深，历代名家研究《论语》的著作汗牛充栋。笔者只是一个普通的行路问道者，这本集子也非纯学术研究。有句话笔者很赞赏，叫"茶香品自知，问道由心悟"。仅此而已。

七　书中所选条目没有逐字逐句注释，只作意译。原文和译文多依据杨伯峻《论语译注》编著，仅有少许改动。

梁　瑾

2012 年 7 月 23 日

目 录

仁爱篇

爱满世间　心安自乐 / 3

忠诚篇

真诚信守　和谐共存 / 37

为政篇

政通人和　止于大同 / 63

修身篇

反躬自问　克己修身 / 105

孝悌篇

百善孝先　感恩世界 / 161

教学篇

教学相长　传习合一 / 173

跟着老师学《论语》

　　——读梁瑾先生著《回归心灵的安乐》/ 201

从《回归心灵的安乐》中品读梁瑾先生 / 207

读《回归心灵的安乐》之感悟 / 214

跋 / 218

附录一　《论语·学而》首章阐微 / 221

附录二　《论语·学而》通义 / 248

附录三　《论衡·问孔篇》辨正 / 266

论语 仁爱篇

仁者，人也；人者，爱也。仁爱、慈爱、博爱，把人间建构成美好的家园。然而人是有模有样的，爱却是无形无限的。

仁爱篇

爱满世间　心安自乐

儒家思想博大精深，其思想的核心之一就是仁爱。孔子在创立其仁学时，对"仁"的解释大约有一百四十多种。概括起来，即"仁者，人也"。人者，爱也。孔子一生极力推崇仁道，而且要弟子们"朝闻道，夕死可矣"。几千年来在中国的社会文化思想中，仁道、仁政、仁爱、仁德等一直占据着主导地位。

孔子的仁爱思想虽然也讲"泛爱众"和"忠恕"，但他对小人的鄙视、对恶人的憎恨、对女人的"无视"和对平民百姓的"漠视"，都说明他的"仁爱"是有区别的，具有一定的限定性。《中庸》中说，"仁者，人也，亲亲为大"，是为例证。后来，孟子主张"仁政"和"仁者无不爱也"，才使仁爱思想有所改变和发展。此后，中国人还接受了外来的慈悲和博爱。公元后传入中国的佛教主张"众生平等"，即人没有高低与贵贱之分，佛陀讲慈悲，誓愿"普度众生"，这里的"众生"是指自然界的一切生命，"普度"就是要给予人类普世的关怀。近代西方传来的"博爱"，是指对人类社会普遍的爱，是讲"人生而平等"，要互敬互爱，爱自己、爱他人，还要爱人类赖以生存的大自然，基督教还主张爱自己的敌人。总而言之，自古至今，从中国到外国，无论是仁爱、慈悲，还是博爱，都是人与人和睦相处、人与自然和谐共存的核心纽带。人不单是物质的，更是文化的，只有文化铸就的文明人才能让世间充满真爱，也只有在真爱无形、大爱无疆的社会环境里，人们才能发现自身的美德，获得心灵的自由、安宁和自乐。

1.3 子曰："巧言令色，鲜矣仁！"

【译文】 孔子说："花言巧语，面貌伪善，这种人，'仁德'是不会多的。"

【品读】 孔子在这里告诫人们要提防虚伪谄媚的人。不要轻易听信别人的话或以貌取人，巧言美色往往隐藏着与之相反的另一面，例如，美的东西多带刺，如玫瑰；美的东西常带毒，如罂粟；圣人之言也有错，如《论语》。俗话说"良药苦口，忠言逆耳"，这些话都是千百年来的至理名言。那么，我们不妨逆向思考一回：拙言、貌丑就一定有仁德，逆耳的话一定是忠言，苦口的药一定是良药吗？这显然是不符合事实的。顺耳的忠言、甜口的良药、真诚的微笑、善意的巧言、美丽的容貌更让人间充满"仁爱"的温暖。

整部《论语》中，孔子三次说到"巧言令色"，其中两次重复"巧言令色，鲜矣仁"。可见他对为掩饰自己图谋而刻意甜言蜜语、面貌伪善的人憎恶到何等地步。那么"巧言令色"就一定"鲜仁"吗？在这里衡量"言"与"色"的含"仁"量的标准绝不是"巧"与"令"，而是是否含有某种私欲，还是真心的流露或善良的表白。人呀，从生到死，有哪一个不愿听到赞扬的美言和看到娇好的容颜。其实，孔子只是愤世嫉俗，指责那些"巧言令色"的小人罢了。

仁爱篇

3.3 子曰："人而不仁，如礼何？人而不仁，如乐何？"

【译文】孔子说："做人，如果不讲仁爱，怎么会讲究礼仪呢？做人，如果不讲仁爱，怎么来制作音乐呢？"

【品读】孔子认为，仁是礼、乐的根本。同时告诉人们一个道理：离开人的本性——"仁"，人是什么事也做不成的。有句箴言："人本于善，心始于诚。"心怀叵测、心术不正的人所表现出来的礼和乐是虚伪造作的，可能取悦于一时，但迟早会败露的；心地善良、心存真诚的人，才会做出真正符合人性的礼和乐，即使一时不会被人们认同，但迟早会被人们传颂。

4.2 子曰："不仁者不可以久处约，不可以长处乐。仁者安仁，知者利仁。"

【译文】孔子说："不仁的人不可以长久地处于穷困之中，也不可以长久地处于安乐之中。有仁德的人能安心于仁，有智慧的人知道仁的好处。"

【品读】真正的仁人能长久地处于贫困或安乐之中。因为贫困与安乐是肌肤之感觉，而仁者安心行仁是灵魂的锤炼。所以，孟子说："贫贱不能移，富贵不能淫。"孔子告诉人们：无论在什么时候、什么情况下，都要安心于仁，坚守道德规范，这样才能得到长久的、巨大的快乐。俗话说：心若被困，天下处处是牢笼；心若有定，片瓦草屋是天堂。

4.3 子曰："唯仁者能好人，能恶人。"

【译文】孔子说："只有仁德的人才能够公正地喜爱人，能够公正地憎恨人。"

【品读】这句话是说有仁德的人爱憎分明，喜爱好人，憎恨坏人。大多数人都能接受这种观点。对呀！你不喜欢好人，难道喜欢坏人吗？笔者的观点是一定要喜欢好人，但不一定要憎恨所谓的"坏人"。一是世间只有好事与坏事之分，而没有好人与坏人之别，不能简单地说做点好事就是好人，做点坏事、错事就是坏人；二是许多人以对自己利益的损益来判断好事、坏事与好人、坏人；三是世界上任何一件事的好坏都是相对的，对彼有利不一定就对此有害。所以，笔者认为任何人都不能煽动民族仇、阶级恨、个人怨；对违法犯罪、道德缺失的人和事，可以在道德和法规的范围内反抗、辩驳、阻止，绝不能以牙还牙、以眼还眼进行报复；对做过损害自己事的人，可以不理睬，但不可以憎恨他。憎恨是一种不良情绪，会使对立双方都不愉快，甚至会让人做出一些过激的判断和言行。人生太短，没有必要浪费时间和精力去憎恨任何人。

4.4 子曰："苟志于仁矣，无恶也。"

【译文】孔子说："假如立定志向去行仁德，就不会做坏事了。"

【品读】人一定要有志向，否则就无从安身立命。人的志向一定不能有偏执私心，更不能把官的高低、钱的多少、名的大小看作人生价值的唯一追求。谋高官、发大财、贪享乐的人肯定会做出一些伤害别人和损害公共利益的恶事。所以，孔子告诫人们要立定志向、施行仁德、时时事事用"仁德"要求自己的言行，鞭策自己向"仁德"前进。只要心向善、无恶意，人就一定不会做出什么坏事来。

4.5 子曰："富与贵，是人之所欲也；不以其道得之，不处也。贫与贱，是人之所恶也；不以其道得之，不去也。君子去仁，恶乎成名？君子无终食之间违仁，造次必于是，颠沛必于是。"

【译文】孔子说："富足和尊贵，这是人人所盼望的；不用正确的方法去得到它，君子不接受。贫困和下贱，这是人人所厌恶的；不用正确的方法抛弃它，君子就不逃避。君子抛弃仁德，怎么成就他的名声呢？君子没有一顿饭的时间离开仁德，就是在仓促匆忙的时候，也一定和仁德同在；就是在颠沛流离的时候，也一定和仁德同在。"

【品读】富贵和贫贱不是判定一个人有无仁德的标准，也就是说富足和尊贵的人不一定有仁德，贫穷和困苦的人不一定无仁德，关键是看他获得富贵的途径和手段是否是正当的，观察他受贫困的原因是否是符合情理的。无论富贵和贫苦，若是抛弃仁爱违背良心所致，那一定是个下贱之人。"富贵不能淫、威武不能屈、贫贱不能移"，其实，人最有价值的富与贵是"仁德"，时刻追求仁德的人，才是值得人们尊崇的人。

4.11 子曰："君子怀德，小人怀土；君子怀刑，小人怀惠。"

【译文】孔子说："君子关心道德，小人关心田地；君子关心法度，小人关心恩惠。"

【品读】孔子认为，君子和小人办事的出发点不同。君子和小人的"怀"思想指向不同，也就是价值观不同。当然，怀德而又得土，怀刑而又得惠，应该是因果的必然。而人们在生活中"怀德"、"怀刑"、"怀土"、"怀惠"的结果往往出乎当事人的预料。孔子这句话的本意是批评"怀土"、"怀惠"，没有品德操守，不遵纪守法的小人，要小人有君子的"德"、"刑"，不要做利欲熏心的事情。

4.25 子曰："德不孤，必有邻。"

【译文】孔子说："有道德的人不会孤单，一定会有志同道合的人做伴。"

【品读】孔子勉励人们坚守品德修养，不要害怕因此而没有朋友。孔子自己当年就是一个很不受欢迎的人，曲高和寡、高处不胜寒。真正有道德品位的人，一定会交往到真心的朋友，即使彼此来往很少，也会感到内心的愉悦。因富贵而高朋满座，在座的多是利欲之徒、酒肉朋友，一旦富贵尽失，剩下的将只有冷落和寂寞。

5.5 或曰："雍也仁而不佞。"子曰："焉用佞？御人以口给，屡憎于人。不知其仁，焉用佞？"

【译文】有人说："冉雍这个人有仁德，却没有口才。"孔子说："何必要有口才呢？犟嘴利舌地同人家辩驳，常常被人讨厌。冉雍未必是个仁人，但何必一定要有口才呢？"

【品读】口才好，指的是说话诚实、谦恭、妥帖、有分寸，而不是巧言善辩或曲意逢迎地多说、乱说。强词夺理、喋喋不休往往会让人讨厌，效果也适得其反。与人相处，贵在真诚，当然有好口才更好。

5.8 孟武伯问："子路仁乎？"子曰："不知也。"又问。子曰："由也，千乘之国，可使治其赋也，不知其仁也。"

"求也何如？"子曰："求也，千室之邑，百乘之家，可使为之宰也，不知其仁也。"

"赤也何如？"子曰："赤也，束带立于朝，可使与宾客言也，不知其仁也。"

【译文】孟武伯问孔子："子路有没有仁德？"孔子说："不知道。"他又问。孔子说："仲由这个人，如果在拥有一千辆兵车的国家，可以让他负责兵役和军政工作。至于他有没有仁德，我却不知道。"

孟武伯再问："冉求这人又怎么样？"孔子说："冉求呀，在拥有千户人口的县，可以让他当县长；在拥有百辆兵车的大夫封地，可以让他当总管。至于他有没有仁德，我也不知道。"

"公西赤这人又怎么样呢？"孔子说："公西赤呀，穿着礼服，立于朝廷之中，可以让他接待外宾，办理交涉。至于他有没有仁德，我同样不知道。"

【品读】子路、仲由、冉求、公西赤四人都是孔子的学生，自然孔子对他们的特长和能力十分了解，但至于他们有没有仁德，孔子都说不知道。在《公冶长篇》中，子张问子文和崔子"仁矣乎"，孔子都说"未知"。之所以这样回答，是出于谨慎还是吝啬，另外探讨。后来人们称赞他最得意的学生颜回为"仁圣"，但在当时他也只说过"贤哉，回也"，没有说仁。孔子在《述而篇》中说："躬行君子，则吾未之有得。"意思是说，他自己连君子的境界都没有达到。可见，孔子的"仁"是遥不可及的。但孔子在《述而篇》中又说："仁远乎哉？我欲仁，斯仁至矣。"在《颜渊篇》中说："为仁由己，而由人乎哉。"大意是说："仁"离人不远，要不要"仁"，完全由自己。你想要它，它就来了。可见，孔子的"仁"，随处可见，人的举手投足都是仁。这里的关键是"我欲仁"，"仁"如影随形；我不欲仁，"仁"影息无存。所以，笔者敢说，心存仁者就是仁人。

6.7 子曰："回也，其心三月不违仁，其余则日月至焉而已矣。"

【译文】孔子说："颜回呀，他的心长时间地不离开仁义道德，别的学生么只是短时期偶然想起一下罢了。"

【品读】颜回是孔子学生中最有仁德的人，后人称其"仁圣"。他的心能长时间地不离开仁德，可是也就几个月而已，其他学生就更别说了。一个人要求自己的心智和言行时刻不离开仁德是很难的，大多数人遇事首先想到的是自己，因此只要能兼顾公众利益也就可以了。

6.17 子曰："谁能出不由户？何莫由斯道也？"

【译文】孔子说："谁能够走出屋子不从房门经过？为什么没有人从我这条仁义之路经过呢？"

【品读】孔子认为世界上无论干什么都有其正当途径，就像出入屋子必经屋门一样。仁德的修养是做人的必经之路，没有仁德，何以为人。于是孔子埋怨当时的人不走他指出的仁德之路，以致小人犯上作乱、社会礼崩乐坏。可是，孔子不明白，当屋门被堵死走不通时，人就只能跳窗了。

6.22 樊迟问知。子曰："务民之义，敬鬼神而远之，可谓知矣。"问仁。曰："仁者先难而后获，可谓仁矣。"

【译文】樊迟问怎样才算聪明。孔子说："把心力专一地放在为民众的合理的工作上，严肃地对待鬼神却不企图去接近它们，可以说是聪明了。"

樊迟又问怎样才叫作仁德。孔子说："有仁德的人先付出一定的辛苦，而不先求收获，这便可以说是有仁德了。"

【品读】孔子认为聪明人，应该全力做好生活、工作中的事。"敬鬼神"、"尽人力、听天命"是一种人生智慧。做事情能先付出辛苦，而后有获得，就是有仁德的人。但仁德而又聪明的人，应事先计较利害得失，虽说不能患得患失，但也不能不计后果地胡作非为。

6.23 子曰："知者乐水，仁者乐山。知者动，仁者静。知者乐，仁者寿。"

【译文】孔子说："智慧的人喜爱水，仁厚的人喜爱山。聪明人好动，仁人沉静。聪明人快乐，仁人长寿。"

【品读】这句话是阐述人和自然相融的道理。大自然给了人类丰富的物质条件和精神营养，有智慧的人就像流水一样，顺势而行，不停向前，把过去的事抛在脑后，所以感到灵动和快乐；有仁德的人就像高山一样，巍然屹立，静思内省，从容淡定，把烦恼当作浮云，所以能延年益寿。人若有水的智慧和山的仁德，就能得到快乐和长寿。确实，仁者有智，智者行仁，君子缺一不可。静中动、动中静、乐而寿、寿而乐，故山、水、草、木、鸟、虫、鱼、兽皆有灵性，可与人相融，不一定只是山和仁、水和智相融。孔子这样说的本意是告诉人们，大自然的一切生灵都是相通相依的，人的身心健康和人格的完善应取自然之精气。

6.26 宰我问曰："仁者，虽告之曰：'井有仁焉。'其从之也？"子曰："何为其然也？君子可逝也，不可陷也；可欺也，不可罔也。"

【译文】宰我问道："有仁德的人，如果别人告诉他说：'井里掉下一位仁人啦。'是不是他就会跟着下去呢？"孔子说："为什么你要这样做呢？你不喜欢君子，可以叫他远远走开不再回来，但不可以陷害他；可以用较近情理的方法来欺骗他，但不可以用毫无道理的方法来诬陷他。"

【品读】有仁德而无智慧，不是真正有仁德的人，近乎于呆子、傻子；而用欺骗的方法陷害有仁德的人则是小人，他可能得计于一时，但一定不会永远得逞。事实上，正直善良的人常常被奸诈小人欺负，所以人不可缺德，更不可无知，人类最可怕的莫过于无知。

6.27 子曰："君子博学于文，约之以礼，亦可以弗畔矣夫！"

【译文】孔子说："君子广泛地学习文献，再用礼节来加以约束，也就不至于离经叛道了。"

【品读】孔子告诫人们，做君子既要博学于文，又要约之以礼，二者不可偏废，这样的人才不会做出违背道义、贻害社会之事。否则，智能越高又无所顾忌的人做出的坏事更可怕。

6.30 子贡曰："如有博施于民而能济众，何如？可谓仁乎？"子曰："何事于仁，必也，圣乎！尧舜其犹病诸！夫仁者，己欲立而立人，己欲达而达人。能近取譬，可谓仁之方也已。"

【译文】子贡问道："假如有这么一个人，广泛地给人民以好处，又能帮助大家生活得很好，怎么样？可以说是仁德了吗？"孔子说："哪里止于仁德，那简直是圣德吧！尧舜大概都难以做到哩！仁是什么呢？自己要站得住，也使别人站得住；自己要事事行得通，也使别人事事行得通。凡事能推己及人，可以说这就是实践仁德的方法了。"

【品读】仁德的实现也是有层次的：一个人能给大众以实惠，让大家都生活得好起来，这是连尧舜之君都不及的圣德；凡事能推己及人，能自立也能帮别人立起来，能自达也能帮别人发达起来，这就是很有仁德的人了；遇事能换位思考、理解对方、使人通达愉悦，这就是很容易达到的最基本的仁德了。躬行民意，是做人、从政至高无上的品行。

7.6 子曰："志于道，据于德，依于仁，游于艺。"

【译文】孔子说："志向在'道'，要坚守'德'，不违背

'仁'，而活动于礼、乐、射、御、书、数六艺之中。"

【品读】孔子在这里第一次提出了外在志向的实现与内在品德修养的关系：志居于道，艺依于仁。六艺是指礼、乐、射、御、书、数。用现在的话可以说，科学技术的学习与应用不能违背仁德的要求。否则，过于重视内在的品德修养，对现实世界视而不见，会造成自己的愚昧落后；过于重视外在的科学技术，对人的品德任由放纵，会使人迷失自我，犯下过错。中国在几千年的历史中特别注重内省修德，忽视了科学技术的学习，导致后来的贫穷落后；现在社会却特别注重知识的学习，而忽视了品德的培养，导致许多人罔视公德、违背良知，对人性和自然都造成了很多伤害。

7.13 子之所慎：齐、战、疾。

【译文】孔子所谨慎小心的事情有三件：斋戒、战争、疾病。

【品读】言行谨慎是孔子一贯的生活态度。这里突出的三件事，都是关系到人的生命的大事。战争和疾病直接危害人的身体。斋戒虽指祭祀前的净身，但实际是说祭祀要虔诚，全身心投入，不带任何杂念，否则会遭到神灵的报复，也暗喻人们做事要真心诚意，不能掺假做作。由此可见，孔子最关心的是人的生命。

8.7 曾子曰："士不可以不弘毅，任重而道远。 仁以为己任，不亦重乎？死而后已，不亦远乎？"

【译文】曾子说："读书人不可以不刚强而有毅力，因为他负担沉重，路程遥远。 以实现仁德于天下为自己的任务，这一负担能说不够沉重吗？到死方休，这一路程能说不够遥远吗？"

【品读】真正的读书人，必有宏大的志向和刚强毅力，因为在他们身上承载着弘扬仁道的重任，而仁道的弘扬如同对宇宙的探索一样，是永无止境的。读书人应像唐僧一样克服各种艰难和诱惑，矢志不渝，所以，非有弘毅，不能担当大任。

8.10 子曰："好勇疾贫，乱也。 人而不仁，疾之已甚，乱也。"

【译文】孔子说："以勇敢自喜却厌恶自己的贫困，这是一种隐患（会犯上作乱）。 对于不仁德的人，痛恨他太甚，这也是一种隐患。"

【品读】这句话不知道是回答谁的提问。孔子回答出了社会动乱的两种隐患。一种是大胆妄为又厌恶贫困的人，一种是对"人而不仁"痛恨太甚的行为。世间没有喜好贫困的人，如果为摆脱贫困而求变图新，这是正道。如果仅凭"好勇"而去偷窃、抢劫、抗争，那就是乱臣贼子了；即使是没有仁德的人，我们也不能对他嫉恶如仇，做出过分的行为来，这样会把他逼上梁山。

孔子还是在提倡他的忠恕之道。

9.1　子罕言利与命与仁。

【译文】孔子很少主动谈起利益、命运和仁德三方面的问题。

【品读】利、命、仁三个问题，是人们都绕不开而又说不尽、道不清的哲学命题。"罕言"当解释为很少用语言说清楚。"利"字不能只解释成利益或利害，"命"字不要只说成命运或天命，"仁"字也不只是仁德或仁义等。从整部《论语》内容来看，恰恰相反，论及"仁"的最多，但"利"和"命"也是孔子十分重视的问题，怎么会很少谈起呢？《论语》不是孔子自己的著述，是学生与老师之间的问答，学生问得多，自然老师就答得多。所以不能说《论语》中出现多的内容，就是孔子十分重视的，说孔子很少主动谈起是对的，也只能说孔子的学生很重视。所有孔子的言论都是学生记录下来的，本人只是"述而不作"，后人只能依学生的记录和态度来理解孔子的言论和思想。那么，学生为什么总是不断地向老师请教"利"、"命"和"仁"的问题呢？可见，无论老师怎么解释，学生都没有弄明白其中的道理。也说明"利"、"命"和"仁"三字是学生和老师都十分重视而又很难说清的。看来，孔子从没把"仁"赐给他的学生是很有道理的，"仁"是个不能言传只能心悟的命题。其实，他们师生都在不断苦苦求索"利"、"命"和"仁"的（哲学）本体是什么，笔者也只好用"至理绝言诠"来结束这个话题。

17

9.18　子曰："吾未见好德如好色者也。"

【译文】孔子说："我没有看见过喜爱道德胜过喜爱美色的人。"

【品读】人皆爱美，这是人性的自然，人要有德是人性的必然。好德和好色都很重要，只是美色是眼前看得见的，很容易得到；而道德需要不断地内省、修炼，需要不断花时间培养。所以，孔子看见喜爱美色的人多于喜爱道德的。孔子在《卫灵公》篇中又一次说，"吾未见好德如好色者也"。据说是骂卫灵公的，可见孔子对好色者耿耿于怀，也是在批评那些权贵们只知好色，不知好德。

9.29　子曰："知者不惑，仁者不忧，勇者不惧。"

【译文】孔子说："聪明人不至疑惑，有仁德的人不会忧愁，勇敢的人无所畏惧。"

【品读】孔子告诉我们，智、仁、勇是为人应备的三种品德，缺一不可，俗称"三达德"。"仁"居中，是人追求的核心目标；"知"居首，知识和智慧是达到仁德的前提；"勇"是说在仁德修养的过程中，需要极大的勇气来克服困难、消除私欲，以成仁人。

10.17　厩焚。子退朝，曰："伤人乎？"不问马。

【译文】孔子家的马棚失了火。孔子从朝廷回来，问："伤人了吗？"没有问马。

【品读】马棚失火了，孔子只问人，是他重视人的表现，而不问马却有失仁心。先问人后问马多好呀！假如把这句话重新断句就可译为：孔子的马棚失火了，孔子从朝廷回来，问道："伤人了吗？""没有"，又问："马怎么样呢？"

11.20 子张问善人之道。子曰："不践迹，亦不入于室。"

【译文】子张问怎样才是善人。孔子说："不踩着别人（圣贤）的脚印走，学问道德当然不会修养到家。"

【品读】"善人"是孔子提出的又一概念。它既不是圣人也不同于君子，似乎是和君子差不多的一种人。虽然他们不跟着圣贤的脚步去实践，但也不与小人同流合污。这种人有所不为，也不做坏事。孔子在《述而篇》中说："善人，吾不得而见之矣。得见有恒者，斯可矣。"意思是说："善人"也难得见到。能见到有一定操守的人，也就可以了。在《子路篇》中，孔子又说："善人为邦百年，亦可以胜残去杀矣。"意思是说，善人连续治理国家一百年，也可以克服残暴免除虐杀了。可见，孔子提出的"善人"要比恶人、小人好得多。孔子在这里还是要强调人不向前人（圣贤）学习，就不会把自己的品德学问修养到一定境界。也是告诉人们即使达不到圣人、君子的要求，做一个"善人"也可聊以自慰。现实中，大多数人从不敢想象做圣人，但做"善人"还是可以的。

回归心灵的安乐

12.1 颜渊问仁。子曰："克己复礼为仁。一日克己复礼，天下归仁焉。为仁由己，而由人乎哉？"

颜渊曰："请问其目。"子曰："非礼勿视，非礼勿听，非礼勿言，非礼勿动。"

颜渊曰："回虽不敏，请事斯语矣。"

【译文】颜渊问怎样去实践仁这种道德。孔子说："抑制自己的欲望，使言语行动都合于礼，就是仁。一旦这样做到了，天下的人都会称赞你是仁人。实践仁的道德，完全凭自己，难道还凭别人吗？"

颜渊说："希望能教给我一些行动的纲目。"孔子说："不合礼的事不去看，不合礼的话不去听，不合礼的话不去说，不合礼的事不去做。"

颜渊说："我虽然愚钝，也要照您这话去做。"

【品读】这句话的关键在对"礼"字的理解，这儿的"礼"是达到"仁"的途径，"仁"是"克己"的总目标，也就是说克制自己的私欲，使自己的言行符合"礼"的要求，谁做到了谁就是仁人。这可是个高标准严要求的事，很难呀！所以，孔子进一步鼓励说：实践"仁"全凭自己的自觉自省，跟别人是没关系的（现代社会中人也一样，做好自己的修养精进就可以了，不要指望别人的帮助）。这时，学生们实际上还是不明白具体在实际行动中该怎么办，所以颜渊才再次请教老师。孔子提出了四个要求，即"非礼"勿视、勿听、勿言、勿动。其实，到这时孔子也没有给出具体明确的办法。颜渊只好说自己"不敏"。

这个"礼"字。应该说是"周礼",即周代的典章制度。孔子曾到周朝的都城洛邑向老子求教"礼",但没有得到明确的答复,于是自己到明堂、太庙和民间,参观考察祭祖祭神和民间待人接物、婚丧嫁娶的形式礼仪。可以说,"礼"就是做人做事的礼制或礼仪。用现代话解释,"礼"即言行规范,所以说中国自古就是礼仪之邦。在历史上对孔子的几次大批判中都说"礼"是指封建纲常礼教,是吃人的礼教,这实在是强加在孔子身上的不实之词。孔子的"礼",即使有压抑人的尊严和个性的成分,也囿于时代的局限,是完全不同于后来的"三从四德"等封建礼教。难道现代人不"克己"就能成为遵纪守法、言行规范的人吗?

现在,一般人说的"克己复礼",只是"克己",至于复什么"礼",却是各有想法的。很多说"克己复礼"的人,只是克制自己,不乱说、不乱听、不乱看、不乱动,以免惹祸上身。至于"礼"是什么意思,全然不知。其实,也没必要知道,这正是老百姓"活好"的人生态度。假如人人都能克制私欲,又能依礼(规矩)而行,那一定会是一个和平、自由、安乐的文明社会。

12.2 仲弓问仁。子曰:"出门如见大宾,使民如承大祭。己所不欲,勿施于人。在邦无怨,在家无怨。"

仲弓曰:"雍虽不敏,请事斯语矣。"

【译文】仲弓问怎样去实践仁的道德。孔子说:"出门工作好像去接待贵宾,使唤百姓好像去承当大的祀典,自己所不喜欢的事物，便不要强加给别人。处于邦国没有人怨恨他，处于卿大夫之家也没有人怨恨他。"

仲弓说："我虽然愚钝，也要照您这话去做。"

【品读】自己不喜欢的事物，不要强加给别人。那就是说自己喜欢的事物可以强加于人吗？显然，施于人的事物若以自己的好恶为标准，这种人不是仁者。如果明知是有害于别人的事再强加于人，那是害人；如果是有益于别人的事也要说服别人接受，不能强迫。其实孔子这句话主要是对权贵说的，告诫当官的不要把自己不愿意干的事或者对自己不利的事强加给别人，做事一定要换位思考。这也是一种做人做事的普遍原则。

但是，如果在邦国、在家里都没有一个人怨恨他，那他一定是一个可有可无、无所作为的人。如果一个国家里都是这样的"仁人"，那这个国家还有希望吗？

12.22 樊迟问仁。子曰："爱人。"问知。子曰："知人。"

樊迟未达。子曰："举直错诸枉，能使枉者直。"

樊迟退，见子夏曰："乡也吾见于夫子而问知，子曰：'举直错诸枉，能使枉者直。'何谓也？"

子夏曰："富哉言乎！舜有天下，选于众，举皋陶，不仁者远矣。汤有天下，选于众，举伊尹，不仁者远矣。"

【译文】樊迟问仁。孔子说："爱人。"又问智。孔子说："善于鉴别人物。"

樊迟还未透彻理解。孔子说:"把正直的人提拔出来,位置在邪恶的人之上,能够使邪恶的人正直起来。"

樊迟退了出来,找着子夏,说:"刚才我去见老师向他问智,他说:'把正直的人提拔出来,位置在邪恶的人之上。'这是什么意思?"

子夏说:"多么有意思的话呀!舜有了天下,在众人之中挑选,把皋陶提拔出来,坏人就难以存在了。汤有了天下,在众人之中挑选,把伊尹提拔出来,坏人也就难以存在了。"

【品读】孔子认为,"举直"而"使枉者直",属于"仁";知道谁是"直人"而"举"他,属于"智",所以"举直错诸枉"是仁智之事。但是只有靠民众自己来"举直",才能真正达到"举直错诸枉"的仁智;否则,脱离民众,就不能真正把正直的人提拔起来。

12.24 曾子曰:"君子以文会友,以友辅仁。"

【译文】曾子说:"君子用文章学问来聚会朋友,用朋友来帮助自己培养仁德。"

【品读】这句话也可以理解为朋友们在一起研讨文章学问,交流学习心得,可以帮助自己培养仁德品质。"君子"的这个"友"大概是孔子说的"益友",不是"损友"。

13.19 樊迟问仁。子曰："居处恭，执事敬，与人忠。虽之夷狄，不可弃也。"

【译文】樊迟问仁。孔子说："在家闲居恭敬端正，从事工作严肃认真，对待他人忠心诚意。这几种品德，纵使到蛮夷之地去也是不能不要的。"

【品读】孔子告诉人们居家、做事、交友的三个基本原则，或者说是日常生活的基本态度。在家里要庄重端正，不要懒散游嬉；对待工作要敬业认真，不要敷衍了事；与人交往要真诚相待（"忠"就显得愚了），不要虚与委蛇。一个人无论走到哪里，如果都用这样的态度对待工作和生活，就会受到人们喜爱。过去、现在、将来都这样要求自己就是更高的仁德了。

13.27 子曰："刚、毅、木、讷，近仁。"

【译文】孔子说："刚强、果决、质朴、言语谨慎，有这四种品德的人近于仁德。"

【品读】孔子说，一个人的心志和言表，能做到刚强、果决、质朴、言简就接近仁了，但并没有说具备这四种品德就做到仁了。可见，这只是孔子对樊迟问仁的回答。柔忍、质疑、繁复、善言的品质也未必不是近仁。

14.1 宪问耻。子曰："邦有道，穀；邦无道，穀，耻也。"

"克、伐、怨、欲不行焉，可以为仁矣？"子曰："可以为难矣，仁则吾不知也。"

【译文】原宪问什么叫耻辱。孔子说："国家政治清明，做官领薪俸，却不能有所建树；国家政治黑暗，做官领薪俸，却不能独善其身，这就是耻辱。"

原宪又说："好胜、自夸、怨恨和贪心这四种毛病都不曾表现过，这种人可以说是仁人了吗？"孔子说："可以说是难能可贵的了，若说是仁人，那我还不能同意。"

【品读】孔子在《泰伯篇》中也说，"邦有道，贫且贱焉，耻也；邦无道，富且贵焉，耻也"。这些话都是孔子指责官场里的人。当国家清明、政通人和时，你没有什么作为，领着薪俸却过着贫穷、下贱的生活是羞耻的；国家黑暗、纷扰混乱时，你又不能独善其身，或过着富裕又高贵的生活同样都是可耻的。

但是，在官场里没有好胜、自夸、怨恨和贪心这四种不良品行的人是很难生存下去的。这样看来，孔子很早就知道，在官场的人要做到"仁德"太难了。

14.4 子曰："有德者必有言，有言者不必有德。仁者必有勇，勇者不必有仁。"

【译文】孔子说："有道德的人一定能说出有价值的言语，但是能说出有价值言语的人不一定有道德。仁人一定勇敢，但是勇敢的人不一定是仁人。"

【品读】孔子强调"仁德"是做人做事的基础和缘由。真正仁德的人言行一致、表里如一；说得好而做得不好、勇于行而不计利害的人都是假仁假义。但好心办坏事，无知办错事的人也不在少数，所以，只有仁心是不行的，还得有仁智、仁勇，这样才有仁行。

14.6 子曰："君子而不仁者有矣夫，未有小人而仁者也。"

【译文】孔子说："君子偶尔也有不仁义的事，小人不会做仁义的事。"

【品读】"人非圣贤，孰能无过"，君子不是圣贤，有时也会做错事，但不是有意的就不影响"君子"的称谓。"小人"在孔子的眼里是没有仁德、不学无术（不知礼）的人，所以他们不会有仁义的行为。但这是孔子的局限和逻辑，真正的仁德应推及所谓的"小人"。

14.17 子贡曰："管仲非仁者与？桓公杀公子纠，不能死，又相之。"子曰："管仲相桓公，霸诸侯，一匡天下，民到于今受其赐。微管仲，吾其被发左衽矣。岂若匹夫匹妇之为谅也，自经于沟渎而莫之知也？"

【译文】子贡说："管仲不是仁人吧？桓公杀掉了公子纠，他不但不以身殉难，还去辅相他。"孔子说："管仲辅相桓公，称霸诸侯，使天下一切得到匡正，人民到今天还受到他的好处。假若没有管仲，我们都会披散着头发，衣襟向左边开（沦为夷狄）了。难道他应该像普通老百姓一样守着小节小信，在山沟中自杀，还没有人知道的吗？"

【品读】子路、子贡两人分别问孔子：齐桓公杀了公子纠，召忽忠烈殉难，而管仲苟且偷生，管仲这样做是不守仁道吗？孔子两次都肯定了管仲辅相齐桓公称霸是大仁德。可见孔子也不同意"一臣不能事二君"的做法，臣为什么要为君而死呢？判断一个人是否仁德，不能仅看小仁小义，更要看他的大仁大德。降将、叛相也不一定不是大智大勇者。

14.33 子曰："骥不称其力，称其德也。"

【译文】孔子说："称千里马为骥，并不是称赞它的气力，而是称赞它的品德。"

【品读】孔子很看重品德是对的，但"不称其力"能是千里马吗？又如只有仁爱之心而无工作能力，能称作贤能的人吗？孔子说的"不称"不能理解为"不要"，孔子的本意是"力"、"德"都具备才称得上是千里马。

14.34 或曰："以德报怨，何如？"子曰："何以报德？以直报怨，以德报德。"

【译文】有人对孔子说："拿恩惠来报答怨恨，怎么样？"孔子说："又拿什么来酬答恩惠呢？应该是：拿公平正直来报答怨恨，拿恩惠来酬答恩惠。"

【品读】这是孔子谈论酬恩报怨的原则。其实以德报怨、以怨报怨、以怨报德、施恩图报都不好。如果人人都能做到公平正直，没有偏执心就不会有恩怨，也就没有图报的心思了。这里的"直"即"真"，"正"即"诚"，人有真诚心足矣。

14.38 子路宿于石门。晨门曰："奚自？"子路曰："自孔氏。"曰："是知其不可而为之者与？"

【译文】子路在鲁城门外的石门住了一宿。第二天清晨进城，守门人问："你从哪里来的？"子路回答："从孔家来。"守门人说："就是那位明知道做不到却一定要去做的人吗？"

【品读】这段对话说明孔子在当时名气就很大，连守门人这样的一般人都知道，而且都知道孔子是个"知其不可而为之者"。守门人的这个评价太符合孔子了。纵观孔子的一生，他凭借这种精神成就了自己的"盖世辉煌"。孔子的这种精神不是所有人都能有的，如果没有大智大仁，不识天理大道，万不可"知其不可而为之"，否则，就是歪门邪道，胡乱作为。

15.9 子曰："志士仁人，无求生以害仁，有杀身以成仁。"

【译文】孔子说:"志士仁人,没有因贪生怕死而损害了仁义的,只有勇于牺牲来成全仁义的。"

【品读】孔子称赞杀身成仁的献身精神和他对管仲变节择主以成仁的态度不相一致。献身与否应进行价值判断,不为小仁小义而死。人之不存,仁又何在,最好是生而求仁、仁而求生。

15.10 子贡问为仁。 子曰:"工欲善其事,必先利其器。居是邦也,事其大夫之贤者,友其士之仁者。"

【译文】子贡问怎样去培养仁德。 孔子说:"工匠要做好他的工作,一定先要搞好他的工具。 我们住在这个国家,就要选择那些大官中的贤人去敬奉他,选择那些人中的仁人做朋友。"

【品读】孔子认为,在一个国家推广仁德就像工匠要做好他的工作一样,必须有精良的工具,必须先营造优良的外在环境氛围。以社会贤达为榜样,以仁人志士为朋友,引导和影响人们趋向仁德。曾子也在《大学》中说,"明明德,在亲民",即彰显仁德,净化风气,民众自新。

15.36 子曰:"当仁,不让于师。"

【译文】孔子说:"面临着仁义,就是自己的老师,也不必同他退让。"

【品读】这个"让"字不是谦让,而是退让的意思。我们可以与老师有不同的见解，但对老师不尊重、不谦让绝对是不良行为。

17.6 子张问仁于孔子。孔子曰："能行五者于天下为仁矣。""请问之。"曰："恭、宽、信、敏、惠。恭则不侮，宽则得众，信则人任焉，敏则有功，惠则足以使人。"

【译文】子张向孔子问仁。孔子说："能够处处实行五种品德就是仁人了。"子张问："请问是哪五种？"孔子说："恭谨，宽厚，诚实，勤敏，慈惠。恭谨就不致遭受侮辱，宽厚就会得到大众的拥护，诚实就会得到别人的任用，勤敏就会取得成功，慈惠就能够使唤人。"

【品读】孔子认为一个人如能具备"恭、宽、信、敏、惠"这五种品德，就可以做好任何事了。其实在孔子的"仁"里不只有这五种品德。即使这五种品德，在实践中也要把握好一个度，即"中庸"，否则会影响自己行为的效果，甚至适得其反。例如：过分谦恭就会招致人的小看或侮辱；过分宽容，就会使人松散；过分相信，就会使人放任；过分聪明，常被聪明耽误；过分赐予恩惠，就会让人变得懒惰。

17.13 子曰："乡愿，德之贼也。"

【译文】孔子说："没有是非观念的好好先生，是足以败坏道德的小人。"

【品读】孔子表示了对媚世伪善、曲意逢迎的"好好先生"的愤恨，指责他们是败坏道德的"贼"。但他没有想过自己是怎样过来的。在君主专政的社会，你对君主、上级不献媚不逢迎行吗？仗义执言有好果子吃吗？即使有真知灼见的人，也只能"外圆内方"才行得通。所以，在中国，特别是在官场，有些"不分是非、曲意逢迎"的好好先生是可以理解的，只要能辨清大是大非、不耽误国计民生就是好官了。

17.14 子曰："道听而涂说，德之弃也。"

【译文】孔子说："听到小道传言便四处广播，这是仁德所抛弃的呀。"

【品读】道听途说是不道德的行为习惯。不管听到什么言语，在没有真正弄清事实前，最好不要再说出去，即使是真实的情况也不要乱讲。所谓"沉默是金"、"祸从口出"、"只带耳朵不带嘴"、"人前不说对错，人后莫论是非"都是劝人少说为佳，这就是孔子极力主张的"慎言"。

18.1 微子去之，箕子为之奴，比干谏而死。 孔子曰："殷有三仁焉。"

【译文】纣王昏乱残暴，微子便离开了他，箕子做了他的奴隶，比干谏劝而被杀。 孔子说："殷商末年有三位仁人。"

【品读】纣王昏乱残暴，微子、箕子、比干三位重臣用自己不同的方式表示了对纣王的忠心和对纣王暴政的愤恨。比干甚至不惜生命以维护"仁政"的理念。孔子说他们三人都是仁人，这说明孔子重视仁德远远超过重视人的生命，也证实了他"杀身成仁"的主张。其实商纣三杰（微子、箕子、比干）的"仁"是十足的奴性表现，孔子把这种奴性粉饰为"仁"，并加以推崇，无异于助纣为虐。面对暴政而想忠于仁政可行吗？而且所谓的仁政能靠得住吗！纵观古今中外的历史还是依法治国比仁政更好。作为臣民，对国家、民族、人民用"真诚"比"忠于"更好。他们三人只能算是愚忠。

19.6 子夏曰："博学而笃志，切问而近思，仁在其中矣。"

【译文】子夏说："广泛地学习，却坚守着自己的志趣；恳切地请教别人，并多考虑当前的问题。仁德就在这中间了。"

【品读】这是子夏自己增进仁德的心得体会，其实也是学习的规则。博学在于明志，切问在于致用，这应该得到我们的传承和借鉴。

19.11 子夏曰："大德不逾闲，小德出入可也。"

【译文】子夏说："人的重大节操不能逾越界限，作风上的小节稍稍放松一点是可以的。"

【品读】孔子十分清楚世间的人和事都不能"完美"和"求全",所以子夏说,他老人家只要求人在重大节操上不糊涂、不逾矩,平常的琐碎事不拘小节也无伤大雅。其实也是强调一个人应该分清大是小非,能抓大放小,不可眉毛胡子一把抓。任何事情总是顾此失彼,重要的是要分清轻重缓急。这与"不因善小而不为,不因恶小而为之"的说法是两个概念,前者讲的是轻重,后者讲的是善恶。

忠诚篇

『忠』字让人们处于屈从、屈辱的尴尬境地。『诚』能让世间的人与人、人与事、人与自然和谐共存。

真诚信守　和谐共存

忠恕之道是孔子一以贯之的思想之一。"忠"字在《论语》中多次出现，如"臣事君以忠"、"为人谋而不忠乎"……但在论及"忠"的时候，孔子往往将其和"信"、"诚"、"恕"连在一起，比如"与朋友交而不信乎"、"主忠信，无友不如己"、"子以四教：文、行、忠、信"、"主忠信，徙义，崇德也"、"夫子之道，忠恕而已矣"、"言忠信，行笃敬，虽蛮貊之邦，行矣"、"其恕乎，己所不欲，勿施于人"等。综上所述，孔子的忠就是忠君、忠父母、忠友人，即使讲诚、信、恕也局限在君王、父母、朋友、学生等"君子"的圈子里。而当"忠"、"恕"成为普遍的道德标准时，人们就陷入了迷乱不清的认识，失去了对善恶的判断，似乎无论对什么人、什么事都可以讲忠恕。

君主专制时代结束后，孔子的忠、诚、信、恕的含义就有了不同的解释。当人们从专制时代解放出来，人人都有了平等、自由的尊严后，首先是忠于自己的信念，相信自己的能力；对自己在社会生活中的亲人、领导、朋友、同事等都要以诚相待、相互尊重；对国家和民族的公共利益，尽心竭力、勇于奉献；对于上帝赐予人类生存的大自然要真诚善待、倍加爱护。所以，在现代社会中不要再讲孔子的"忠"，因为它有强迫别人屈从、盲从和服从的意思，更含有"君要臣死，臣不得不死"的愚忠。几千年来，我们这个民族不缺自尊（人都死要自己的"面子"），还有唯我独尊、妄自尊大的毛病。从不知道尊重别人、尊重个性、尊崇自然，尤其不给下级、穷人、弱势人群尊严。如今，人们都会独立地去思考和判断，因此只要能真诚守信地对待国家、国民、自然、自己和他人，就会成为一个品德高尚的人，只有真诚守信才能构建起真正的和谐社会。

1.4　曾子曰："吾日三省吾身——为人谋而不忠乎？与朋友交而不信乎？传不习乎？"

【译文】曾子说："我每天再三反躬自问：替别人办事没有尽心竭力吗？同朋友往来不诚实吗？老师传授我的学问没去实习吗？"

【品读】这里的"三省"不是指每日反省自己三次，也不是每天只反省这三件事。当然，忠诚信守的操行是必须要反省的。其实，这句话更强调人要经常反省自己，检点自己的言行，发扬优秀的精神和优良的作风，及时改正自己的错误和弥补不足，以求日渐长进，增进自己的品德修养。对于个人是这样，对于一个民族和国家也一样，只说发展、成就和功业，不反省和正视存在的错误并及时改正，绝不是一个优秀的民族和文明的国家所为。

1.7　子夏曰："贤贤易色；事父母，能竭其力；事君，能致其身；与朋友交，言而有信。虽曰未学，吾必谓之学矣。"

【译文】子夏说："对待妻子，重视品德，不重容貌；侍奉爹娘，能够竭尽全力；服侍君上，能够忘己忘家；同朋友交往，说话诚实守信。这种人，虽然说不曾学习过，但是我一定说他已经学习过了。"

【品读】子夏说的是对妻子、父母、领导、朋友的不同态度（"贤贤易色"，也可译为把贤良的心改变为贤好的态度，对待父母、君王和朋友。因为古人认为夫妻关系是"人伦之始"，不谈不妥，故把"易色"译为对待妻子不重容貌）。概括起来说，无论对谁如都能做到真诚仁爱，尽心竭力就可以算是学有所成、懂事明理的人。但对领导、对事业没必要"忘己忘家"，甚至牺牲自己的生命，能真诚相待足矣。子夏在这里还告诉人们不怕没知识，就怕不知"道"（即做人做事的道理）。应提醒现在的家长和学生，不能只注重高考应试，更应该让孩子懂得现代社会生活的规则。像《红楼梦》里的王熙凤，虽然没知识，但她知晓大观园里的规则，就能当总管。

1.8　子曰："君子不重则不威。学则不固。主忠信。无友不如己者。过则勿惮改。"

【译文】孔子说："如果不庄重就没有威严。即使读书，也不会把所学的巩固下来。重视忠诚和信义，就不会有朋友不及自己。有了过错，就不要怕改正。"

【品读】一个人如果不自尊自爱，别人也不会尊重你；如果自己不笃学慎思，就不会把学到的东西巩固下来；你特别重视忠诚信义，你的朋友也一定和你一样；勇于改正错误，也是讲诚信的行为。孔子只说交朋友的前提是"主忠信"。朋友有许多种类，如学友、文友、战友、茶友、乡友、诤友、酒友、书友；知面、知心、知己；有面交的朋友，也有神交的朋友。真正的君子应该只有不同类型的朋友，没有分等级的朋友。孔子在这里是说学习、交友、改过都离不开诚心。但要切记，孔子说的"三损友"，即"友便辟、友善柔、友便佞"，是万万不可交往的。

自古以来，中国人是看重阶层等级的。一般以财富多少、尊卑上下为"类"；以智能高低、心志情趣为"群"。能以众生为友是"善"，得一知己难是"利"。所以孔子才说，"无友不如己"，"德不孤，必有邻"。意思是说即使你品德卓群也只是可有"邻"，难得有"友"，重要的是自己要庄重诚信。

1.13 有子曰："信近于义，言可复也。 恭近于礼，远耻辱也。 因不失其亲，亦可宗也。"

【译文】有子说："信念符合道义，诺言就可以兑现了。 恭敬的态度符合礼仪，就可以避免耻辱了。 依靠自己亲近的人，也就可靠了。"

【品读】有子教诲人们，说话办事都要符合道德礼仪。也就是说，诺言不合道义就不会兑现；傲慢无礼等于自取其辱；不相信与自己志同道合的人就没有人可依靠。然而，现实生活中，也有轻浮诺言能兑现、礼多人不怪、亲近的人靠不住、祸害自己的往往是身边亲近之人等现象，值得人们警惕。

忠诚篇

2.10 子曰："视其所以，观其所由，察其所安。人焉廋哉？人焉廋哉？"

【译文】孔子说："先看他所做的事，再观察他做此事的动机，了解他的心情，安于什么，不安于什么。那么，这个人怎么伪装得了呢？这个人怎么伪装得了呢？"

【品读】孔子教人们对他人所作所为判别真伪的方法和步骤，即听其言，观其行，察其由，辨其伪。但决不能仅凭一个人一时一事的得失，或对自己的好坏来判定这个人是好人还是坏人。因为世界上任何事物都有利害得失，故不能以一事论人或以一人论事。孔子的本意是告诉人们看人要看他的本质，看他是否有仁德之心。

2.22 子曰："人而无信，不知其可也。大车无輗，小车无軏，其何以行之哉？"

【译文】孔子说："做人却不讲信用，我不知道他怎么可以这样呢？比如大车子没有安横木的輗，小车子没有安横木的軏，如何能走呢？"

【品读】"人无信而不立"，意思是说人不讲诚信，就如人没有骨骼一样站不起来，那他还能做什么事呢？信用是人的第二张身份证，无信用之人终遭人唾弃。人是群生动物，特别讲求团队合作精神，如果人们之间缺乏起码的相互信任，何谈什么共存共生。

3.19 定公问："君使臣，臣事君，如之何？"

孔子对曰："君使臣以礼，臣事君以忠。"

【译文】鲁定公问："君主使用臣子，臣子服侍君主，都应该怎么样？"孔子答："君主应该依礼来使用臣子，臣子应该忠心服侍君主。"

【品读】这是孔子告诉人们处理君臣关系的基本原则。这个原则在现代社会中依然可以借鉴。维系上下级关系的纽带关键是诚信，不能仅是"礼"和"忠"。"礼"属于形式，难免有敷衍搪塞的成分；"忠"会使人失去独立，常有曲意盲从的意思。所以，只有互相真诚信守、直言坦荡才靠得住。

3.20 子曰："《关雎》，乐而不淫，哀而不伤。"

【译文】孔子说："《关雎》这首诗，快乐而不放荡，忧郁而不哀伤。"

【品读】《关雎》是《诗经》的首篇，描写青年男女相互爱慕的情感经历，它快乐而不放荡，忧郁而不哀伤。其实孔子还是在津津乐道他的中庸之道。不管做什么事都得有度，不拘泥，不放纵。

4.15 子曰："参乎！吾道一以贯之。"曾子曰："唯。"子出，门人问曰："何谓也？"曾子曰："夫子之道，忠恕而已矣。"

【译文】孔子说:"曾参呀!我的学问贯穿着一个基本观念。"曾子说:"是。"

孔子走出去后,别的学生便问曾子说:"这是什么意思?"曾子说:"他老人家的学说,只是忠和恕两个字吧。"

【品读】忠恕之道是孔子一以贯之的主要思想之一。孔子自己对忠恕是有解释的,"忠"即"己欲立而立人,己欲达而达人";"恕"即"己所不欲,勿施于人"。孔子一以贯之的"道",重在社会生活中实践。生活中讲"忠"肯定有背弃,生活中讲"恕"就是有怨恨,背弃和怨恨则会引发社会动乱和离散。忠诚和宽恕是人与人之间的纽带或黏合剂。试想,一个人如不能委曲求全,不能宽恕别人的过错,那他还能与别人共同谋事吗?现代社会生活中团队精神的培养非有"忠恕"不可。所以忠恕就是人人"一以贯之"的修养。

这种一以贯之的忠恕之道又是人治社会最主要的思想支柱,但孔子只讲"当仁不让于师",没有讲过当仁不让于君、不让于主。这个"让"只是对君主忍让的意思,但当忍让成为人人一以贯之的修养,那就是说一辈子心上老悬着把刀,让你胆战心惊,不敢犯上作乱。所以,当今社会要想建设成真正的法制社会,对孔子一以贯之的忠恕之道还应予以科学的分析。

4.16 子曰:"君子喻于义,小人喻于利。"

【译文】孔子说:"君子懂得的是义,小人懂得的是利。"

【品读】君子不要利何以生存，小人不要义何以取利。能做到心存仁，再取利就可以了。南宋的叶适说："仁人君子不应置理财于不讲。"李鸿章也认同，"既无功利，则道义者乃无用之虚语"。

4.26 子游曰："事君数，斯辱矣；朋友数，斯疏矣。"

【译文】子游说："谏阻君主次数太多，就会招致侮辱；劝告朋友次数太多，就会被疏远。"

【品读】子游告诉人们，对领导和朋友不能不拘礼节劝谏太多，最多两次，不可过三，否则，就会招致侮辱或被疏远。为什么有些老实人（没眼色）不得宠，甚至让人厌烦，这可能是原因之一吧。

5.23 子曰："伯夷、叔齐不念旧恶，怨是用希。"

【译文】孔子说："伯夷、叔齐不记别人以往的过失，别人对他们的怨恨也就很少。"

【品读】人不能老记着别人对你的不好或仇恨，这样不仅自己十分痛苦，别人也心怀不安。能宽恕别人，别人对你的怨恨也会减少，但应吸取教训，不能没有戒备。耿耿于怀、报复怨恨是万万不可取的，只有把怨恨化解，才能与别人和睦相处。最好把别人的缺点和错误当作精神营养，吸取他们的教训，丰富自己的阅历。

5.25 子曰："巧言、令色、足恭，左丘明耻之，丘亦耻之。匿怨而友其人，左丘明耻之，丘亦耻之。"

【译文】孔子说："花言巧语、伪善的容貌、过分的恭顺，这种态度，左丘明认为可耻，我也认为可耻。内心藏着怨恨，表面上却同他要好，这种行为，左丘明认为可耻，我也认为可耻。"

【品读】花言巧语、投其所好、伪善的面貌、过分的恭顺、匿怨而友人等，大家都认为这些行为不好，并且不愿意这样做。但在中国，这些行为从古至今屡见不鲜，大都是因"三纲五常"所逼。现今的孩子有的特别会说谎装乖，这都是父母、老师逼出来的。如若人人能诚恳地平等相待，也就不会有这样的不良行为了。

6.29 子曰："中庸之为德也，其至矣乎！民鲜久矣。"

【译文】孔子说："中庸这种道德，该是最高的了。人们缺乏它已经很久了。"

【品读】春秋时期，诸侯争霸，战乱不止，人们都在保命自顾，哪还能顾及"中庸"这种最高的道德伦理，难怪孔子有感叹。其实，孔子是希望人们，特别是诸侯国君、士大夫凡事都能做到合情合理、适可而止，符合"中庸"的要求，不要顾此失彼，做出过激的事情来。

7.25 子以四教：文、行、忠、信。

【译文】孔子以四项内容教育学生：文化典籍、品德修养、忠诚笃厚、坚守信约。

【品读】孔子主要教弟子：诗书礼乐、品德修养、宽厚忠恕、心诚信守这四项内容。孔子的私学不是现代的学校，虽不学科技知识，但这四项内容也同样是现代社会做人的基本素质。

7.26 子曰："圣人，吾不得而见之矣；得见君子者，斯可矣。"

子曰："善人，吾不得而见之矣；得见有恒者，斯可矣。亡而为有，虚而为盈，约而为泰，难乎有恒矣。"

【译文】孔子说："圣人，我不能够看见了；能够看见君子，也就可以了。"

又说："善人，我不能够看见了，能够看见有一定操守的人，也就可以了。本来没有，却装作有；本来空虚，却装作充实；本来穷困，却要豪华，这样的人难以保持一定的操守了。"

【品读】所谓"古圣先贤"，完美无缺的人，孔子看不见，我们也看不见。有圣言教诲人，有大善施惠于人就是圣贤善人了。对任何人都不能求全责备，一个人若能保持操守诚实，不图虚荣伪善也就可以了。

8.6 曾子曰："可以托六尺之孤，可以寄百里之命，临大节而不可夺也。君子人与？君子人也。"

【译文】曾子说："可以把辅助幼主的重任托付给他，可以把国家的命运寄托给他，遇到生死存亡关头他也不会屈服。他是君子吗？他是君子了！"

【品读】这是君主制政治社会中，君主对臣属看重的三个极重要的素质。在现代社会中，我们需要的是一大批对国家、国民及未来忠诚可靠、毫无私念、临危不惧、矢志不移的大智仁人，而不能把国家的前途、国民的命运寄托在某个人身上。

8.13 子曰："笃信好学，守死善道。危邦不入，乱邦不居。天下有道则见，无道则隐。邦有道，贫且贱焉，耻也；邦无道，富且贵焉，耻也。"

【译文】孔子说："坚定信念，勤奋好学，一刻也不离开善良人性。危险的国家不要去，混乱的国家不能停留。天下太平就出来做官，不太平就隐居。国家政治清明而自己贫贱，这是耻辱；国家政治黑暗而自己富贵，这也是耻辱。"

【品读】一个人的能力是有限的，不可凭一己之力改变世道、时势，只能趋利避害像流水一样顺势而行。但无论在什么情况下都要恪守善道、勤奋好学，不做不仁不义之事，如国家政治清明，你却贫穷；国家政治黑暗，你却富贵。

俗话说：乱世不当官，做官也做不成好官。看来这句话原是出自孔子"天下有道则见，无道则隐"的主张，这虽难免有投机钻营的嫌疑，但是，与其无法力挽危局，真不如做隐士的好。

8.16 子曰："狂而不直，侗而不愿，悾悾而不信，吾不知之矣。"

【译文】孔子说："狂妄而不正直，幼稚而不朴实，无能而不讲信用，我不知道这种人为什么会这样。"

【品读】当时，孔子看见无知、无能又狂妄的人太多了。他不是不知这些人为什么会这样，而是感叹自己的失望。狂妄之徒不受教育怎么会正直不狂，幼稚的人不受教育怎么会真实质朴，无能的人不受教育怎么会诚恳守信。这三个"不"，即"不直"、"不愿"、"不信"，让老人家下决心一辈子从事教育工作，成就了他教师的祖师爷身份。

10.20 君命召，不俟驾行矣。

【译文】国君召见孔子，他不等车马备好就先走了。

【品读】这说明孔子对国君的召见十分礼敬，简直是受宠若惊。连圣人对国君都这样，就怪不得老百姓在领导面前唯唯诺诺，直不起腰杆说话了。

10.22　朋友死，无所归。曰："于我殡。"

【译文】朋友死了，没有亲人来料理。孔子说："由我来安葬吧。"

【品读】孔子做得很好，所以，后人也常能做到。难得的是，死的人如不是你的朋友或熟人，你会安葬他吗？你对陌生人的帮助能和对朋友的帮助一样吗？

11.16　子贡问："师与商也孰贤？"子曰："师也过，商也不及。"

曰："然则师愈与？"子曰："过犹不及。"

【译文】子贡问孔子："颛孙师（子张）和卜商（子夏）两个人，谁强一些？"孔子说："子张呢，有些过分；子夏呢，有些不足。"

子贡说："那么，子张强一些吗？"孔子说："过分和不足同样不好。"

【品读】这是孔子推崇"中庸"为"至德"的又一事例。宇宙万物能和谐共存，都是遵循"中庸"的原则运行，互相之间都按照各自的规律运动。过分和不足都会破坏宇宙万物的和谐平衡。具体在社会生活中则要求人们说话做事要合情、合理、合适（适量、适度、适中、适可）、合法，否则，就会给国家、集体、个人带来不必要的损失。

子贡的问话似乎有拨弄是非的嫌疑，如果子贡是问子张和子夏两人有什么不同就对了。虽然孔子回答得很不错，但我们在社会生活中一定不要比谁强弱、谁优劣，只可以说人与人的不同。因为"人比人气死人"，更会比出不愉快、不幸福。

11.21　子曰："论笃是与，君子者乎？色庄者乎？"

【译文】孔子说："以他的言论笃实便称赞他，哪知他是真君子呢，还是只是外表庄重的人？"

【品读】以貌取人、以情感人、仅凭第一印象和感觉就判断一个人的真伪优劣是很不可靠的。然而，事实上许多人是这样观察别人的，所以，人们愿意在和别人第一次接触时就注意自己衣着打扮，说话做事妥帖感人，以求良好的第一印象。当然，只有能长期做到真诚守信、表里如一才能得到人们长久的信任和赞扬。这里孔子告诫人们辨别是否是君子，不能只听其言论，只观其外表。

12.4　司马牛问君子。子曰："君子不忧不惧。"

曰："不忧不惧，斯谓之君子已乎？"子曰："内省不疚，夫何忧何惧？"

【译文】司马牛问怎样做一个君子。孔子说："君子不忧愁，不恐惧。"

司马牛说："不忧愁，不恐惧，这样可以叫作君子了吗？"孔子说:"自己反省丝毫没有内愧于心的事情,那有什么可以忧愁和恐惧的呢?"

【品读】孔子告诉人们:只要做到问心无愧,就会不忧愁、不恐惧,就是君子了。在《述而篇》中孔子又说:"君子坦荡荡,小人长戚戚。"其实他还是在强调人要做一个内省自问、无愧于天地良心的人。然而,真正的仁人志士是常有忧虑或畏惧的,忧国、忧民、忧己。"位卑未敢忘忧国"、"先天下之忧而忧"的人,怎么会没有忧愁呢?只有那些无知无能、无所作为的人才真无忧虑。常有忧而不畏难,并能反身自问而无愧疚者,才是真君子。

12.10 子张问崇德辨惑。子曰:"主忠信,徙义,崇德也。爱之欲其生,恶之欲其死。既欲其生,又欲其死,是惑也。'诚不以富,亦祇以异。'"

【译文】子张问如何去提高品德,辨别迷惑。孔子说:"以忠诚信实为主,唯义是从,这就可以提高品德。爱一个人,便希望他长寿;厌恶起来,便恨不得他马上死去。既要他长寿,又要他短命,这便是迷惑。《诗经》说:'之所以这样,如果不是因为贫贱富贵的话,那就是行为上的标新立异。'"

【品读】孔子认为推崇仁德,要以诚、信、义为标准去辨别真伪,不能以自己的好恶去判断,否则就会使仁德迷失混乱,让人无所适从。这里关键是对诚、信、义的理解,是人们相互之间的诚、信、义,还是大多数人对某个人的诚、信、义?弄不清这层意思，人们还是会迷惑。

12.23 子贡问友。子曰："忠告而善道之，不可则止，毋自辱焉。"

【译文】子贡问对待朋友的方法。孔子说："忠心地劝告他，善意地开导地，不听从，也就罢了，不要再去唠叨，免得自讨没趣。"

【品读】孔子告诉子贡，对朋友的错误，只是善意地劝导，不听也就罢了，不要再去唠叨，免得自讨没趣。孔子所言极是，不只对朋友，对其他人亦应如此。

人往往这样，总相信自己比别人强，所以，许多人重复着别人的错误，只有自己亲身经历了，才知道真的错了。自己碰壁，也是自我教育，而且效果不错，又免得别人多费口舌。

13.20 子贡问曰："何如斯可谓之士矣？"子曰："行己有耻，使于四方，不辱君命，可谓士矣。"

曰："敢问其次。"曰："宗族称孝焉，乡党称弟焉。"

曰："敢问其次。"曰："言必信，行必果，硁硁然小人哉！抑亦可以为次矣。"

曰："今之从政者何如？"子曰："噫！斗筲之人，何足算也。"

【译文】子贡问："怎样才可以叫作'士'？"孔子说："用

羞辱之心来约束自己的行为，出使外国，不会辱没君主的委托，这便可以叫作'士'了。"

子贡说："请问次一等的。"孔子说："宗族称赞他孝顺父母，乡里称赞他礼敬尊长。"

子贡又说："请问再次一等的。"孔子说："言语一定信实，行为一定坚决，这是不问是非黑白而只管自己贯彻言行的小人呀！但也可以说是再次一等的'士'了。"

子贡说："现在执政的人怎么样？"孔子说："咳！这些器量狭小的人算得了什么。"

【品读】"士"过去主要指学富五车的文人；也指有文化知识，有道德修养的人；也指有些许权势的人。孔子依他们的表现分成若干等级加以评价，意在以这些"士"为榜样教化人们，倡导良好的社会风尚。他鄙视当时从政的官吏，认为他们大多是器量狭小的人，算不得"士"。其实，这些"士"都只是为其君主和官吏服务的人。

14.7 子曰："爱之，能勿劳乎？忠焉，能勿诲乎？"

【译文】孔子说："爱他，能够不使他劳苦吗？忠于他，能够不给他教诲吗？"

【品读】爱人、忠诚是孔子思想的主要内容，但怎么才算爱和忠呢？他主张"爱人"（子女或朋友）就要让他能劳苦勤快，古语云，"天道酬勤"，人只要勤劳就会自力更生；忠诚地对待君王、父母、朋友，你就会给他们委婉的劝诫和善意的直言。如果用这样的"爱"和"忠"同样对待"小人"和恶人该多好呀！

14.20 子曰："其言之不怍，则为之也难。"

【译文】孔子说："那个人大言不惭，他实行起来一定不容易。"

【品读】大言不惭不是指"大言"实行起来很难，而是说"大言"的人根本就没想去实行，他只是为了敷衍讨好或者骗取暂时的宠信才这样。这种人根本得不到正直好人的信任，但能取得狂妄之徒、虚荣攀附之人的欢心。20世纪中叶，中国"大跃进"和"文革"时期"假、大、空"的盛行就是例证。

14.22 子路问事君。子曰："勿欺也，而犯之。"

【译文】子路问怎样去侍奉君主。孔子说："不要欺骗他，却可以当面规劝他。"

【品读】怎样处理好君臣关系，孔子在多处讲过，基本原则是"忠诚"。"忠"有一切顺从，甚至舍生示忠的意思；"诚"则不然，孔子在这里强调的"勿欺也，而犯之"就是真诚。对君王或上级领导不能有欺骗，却可大胆直言；要注意礼节，婉转规劝，不能冒犯。否则，会招致麻烦。但当今社会，正好相反才可以混出个样子来。如能做到无语和若愚，独善其身也能混日子，但若你的领导不是糊涂蛋，还是真诚对待才好。

15.6 子张问行。子曰："言忠信，行笃敬，虽蛮貊之邦，行矣。言不忠信，行不笃敬，虽州里，行乎哉？立则见其参于前也，在舆则见其倚于衡也，夫然后行。"子张书诸绅。

【译文】子张问如何才能使自己行得通。孔子说："言语忠诚老实，行为忠厚严肃，纵使到了别的部族的邦国，也是行得通的。言语欺诈无信，行为刻薄轻浮，就是在本乡本土，难道能行得通吗？站立的时候，就仿佛看见'忠信笃敬'几个字在我们面前；在车里，也仿佛看见它刻在前面的横木上。时时刻刻记着它，这样才能使自己到处行得通。"子张随即把这话写在腰带上。

【品读】人性，人情无论在什么地方都是相通的。你若言行忠诚老实、宽厚严肃，到任何地方都会受到欢迎；你若言语欺诈无信、行为刻薄轻浮，就寸步难行。这里给我们一个启示：你是怎样待人的，就会得到怎样的待遇；你要让人尊重你，首先要尊重别人。值得注意的是子张的学习态度，"书诸绅"，可能是子张实在没有地方记下老师的话，就随手解下腰带写在上面，这种学习态度，这样对老师的尊敬更让人惊叹。

15.17 子曰："群居终日，言不及义，好行小慧，难矣哉！"

【译文】孔子说："同大家整天在一块，不说一句有道理的话，只喜欢卖弄小聪明，这种人很难有所作为！"

【品读】总有这样一些人整天摇头晃脑，自以为聪明，大言不惭，人云亦云，成事不足，败事有余。这种人不仅没有什么作为，而且实在让人厌恶。孔子并没有改造这种人的意思，只是提醒人们远离这种人，以免影响自己的工作。

15.24 子贡问曰："有一言而可以终身行之者乎？"子曰："其恕乎！己所不欲，勿施于人。"

【译文】子贡问："有没有一句可以终身奉行的话呢？"孔子说："那大概是'恕'吧！自己不想要的任何事物，都不要强加在别人身上。"

【品读】孔子的"恕"道真正是人一生可以奉行的品德，但反过来说，"己所欲，可施于人"，也不可取。人各有志，不可勉强，即便志同道合，也须自觉自愿，决不可以把自己的意愿强加在别人身上。"己所不欲，勿施于人"、"己欲立而立人，己欲达而达人"是孔子劝告君主、士大夫等权贵时说的话，意思是换位思考、推己及人，让权贵们站在别人的立场上思考问题。虽然这个"恕"字是对权贵们说的，但其他的人也应该做到。

15.38 子曰："事君，敬其事而后其食。"

【译文】孔子说："侍奉君主，应该认真对待他交给的事情而把俸禄放在后面。"

【品读】给别人做事，首先要尽心竭力把事情做好，再说自己所应得的俸禄多少。不好好做事，只讲俸禄是不行的。但遇上昏庸的领导，只让你好好干活，不给你相应的俸禄也是不行的。最好是双方事前有协议，能履行。

17.23 子路曰："君子尚勇乎？"子曰："君子义以为上。君子有勇而无义为乱，小人有勇而无义为盗。"

【译文】子路问道："君子崇尚勇敢吗？"孔子说："君子认为义是最可贵的。假若君子只有勇，没有义，就会捣乱造反；假若小人只有勇，没有义，就会做土匪强盗。"

【品读】孔子在《子罕》篇里也说"勇者不惧"，但在这句话前面加上了"知者不惑，仁者不忧"二句加以限制。如果人不讲仁义，没有智慧，只有"勇"，就会惹出乱子或沦为强盗；反过来说，若是合法、合情、合理的事就要敢作敢为，敢为天下先。

19.2 子张曰："执德不弘，信道不笃，焉能为有？焉能为亡？"

【译文】子张说："对道德行为不坚定，信仰不笃实，这种人在世上可以有，也可以没有。"

【品读】子张说"执德不弘，信道不笃"的人可有可无，而

57

从古至今在实际生活中这样的人太多了。在少数人富贵而大多数人贫穷的社会里,人们能饿着肚子坚守弘德信道吗?所以子张的批评无济于事,人们能独善其身就不错了。子张批评的人,可能是指君王、贵族、士大夫中的"执德不弘、信道不笃"的人。对于大字不识三个的平民百姓,凭自己的劳动能供养王公贵族,填饱自己的肚皮就算是弘德信道了。

19.3 子夏之门人问交于子张。子张曰:"子夏云何?"

对曰:"子夏曰:'可者与之,其不可者拒之。'"

子张曰:"异乎吾所闻。君子尊贤而容众,嘉善而矜不能。我之大贤与,于人何所不容?我之不贤与,人将拒我,如之何其拒人也?"

【译文】子夏的学生问子张怎样去交朋友。子张说:"子夏说了些什么?"

答道:"子夏说:'可以交的便去交他,不可以交的便拒绝他。'"

子张说:"我所听到的与此不同。君子尊敬贤人,也接纳普通人;鼓励好人,也可怜无能的人。我若是非常好的人,什么人不能容纳我呢?我若是坏人,别人自会拒绝我,我又怎能去拒绝别人呢?"

【品读】子夏和子张对交友的道理的理解看似不同,其实差不多一样。子夏说不可以交往的人,在子张那里也只是"容"和"矜",即敬而远之,友而不近。

19.10 子夏曰："君子信而后劳其民；未信，则以为厉己也。 信而后谏；未信，则以为谤己也。"

【译文】子夏说："君子必须得到信任以后才去动员百姓，否则百姓会以为你在折磨他们。必须得到信任以后才去进谏，否则君上会以为你在诽谤他。"

【品读】子夏告诉人们：人与人之间最重要的莫过于信任。信则近之，不信远之，和人相处，首先要取得别人的信任。

论语 为政篇

孔子扛着『政者,正也』的大旗到处呼号呐喊,累累如丧家之犬,却不改『知其不可而为之』的秉性。

为政篇

政通人和　止于大同*

　　孔子一生"学而不厌，诲人不倦"，除年轻时在鲁国做过几年司寇之外，孔子及其弟子多数时间没有从政。他对当时的诸侯争霸、战乱不止的政治局面很是担忧，凭着自己的博学睿智和社会良心，提出了一些政治的主张，期盼扭转局面。然而周游列国的游说，并没有得到各国君主的重视，"累累若丧家之犬"。晚年归鲁，专心从事教育，编修六艺。

　　孔子的政治主张对中国社会的文明进步产生了巨大的影响，虽有褒贬，但灵光不灭。孔子认为"政者正也"（"正"字在《论语》中出现过二十四次），即当官的重在内省自修，端正自己。"正也"指仁心，从政者要有仁爱之心，施惠于天下民众。"正也"还指公正、公平，从政者处理政务要允执其中，不偏执，没私欲。"正也"也指依礼而行，以期达到政则正、变则通、正则和、通则顺的政通人和的理想社会，以挽救国家"礼崩乐坏"的危局。他主张名正言顺，即君君臣臣，父父子子，各司其职，依礼而行。但他把君臣、父子排列在一起，似乎君臣关系如父子

---

* "大同"指大同思想，出于《礼记·礼运》："大道之行也，天下为公，选贤与能，讲信修睦。故人不独亲其亲，不独子其子，使老有所终，壮有所用，幼有所长，矜、寡、孤、独、废、疾者，皆有所养，男有分，女有归。货恶其弃于地也，不必藏于己；力恶其不出于身也，不必为己。是故谋闭而不兴，盗窃乱贼而不作，故外户而不闭，是谓大同。"

关系，臣对君要忠，子对父要孝，忠孝如一。因此，有了后来的君为臣纲、父为子纲的道统，也有了"父母官"和"爱民如子"的说法，更有了上尊下卑等不平等意识，让中国老百姓处于下卑的地位而少有自信，更不能自立，多企盼于"救星"，又都失望于"救星"。所以，仅靠"半部论语治天下"的说法和以德治国的做法都不能实现国家高度文明的现代化。

1.5 子曰："道千乘之国，敬事而信，节用而爱人，使民以时。"

【译文】孔子说："治理拥有一千辆兵车的国家，就要严肃认真地对待工作，信实无欺，节约费用，爱惜人力，去役使老百姓要按一定的时间。"

【品读】孔子告诉君主治理一个较大国家的基本原则就是勤政爱民。这在后来的皇宫牌匾上也可看到。

1.12 有子曰："礼之用，和为贵。先王之道，斯为美；小大由之。有所不行，知和而和，不以礼节之，亦不可行也。"

【译文】有子说："礼的作用，以遇事和顺为可贵。过去圣明君王治理国家，可贵的地方就在这里；他们小事大事都能这样去做。但是，若有行不通的地方，仍只为着和顺而专求和顺，不用一定的规矩制度来加以节制，也是不可以的。"

【品读】遇事能和顺做成，都是因为有礼节的制约。"和谐"就是讲规范，制约各个事物之间的自然状态。各个事物都要恪守本性作为，不能胡乱发展、我行我素。"知和而和"，放弃礼节的制约，事物就不会和顺发展，但礼节的约束不能过度，不能把人的主动性、创造性也给抹杀了，这样会扼杀了事物的发展。简单地说，"礼"是"和"的基础，"和"是"顺"的前提。

2.1　子曰："为政以德，譬如北辰，居其所而众星共之。"

【译文】孔子说："凭借道德来治理国政，自己便会像北极星一样，安静地居于一定的位置，所有别的星辰都环绕着它。"

【品读】这个"为政"者应解释为"君主"或"从政"的领导人。"以德"应解释为"正己"或"以身作则"。"德"是有具体内容和表现的。当一个领导人能端正自己，以身作则，被领导的人们就会像星辰绕着北极星一样跟着他一起奋斗。

2.3　子曰："道之以政，齐之以刑，民免而无耻。道之以德，齐之以礼，有耻且格。"

【译文】孔子说："治理民众用政治法令，约束民众采用刑罚，民众只是暂时地免于罪过，却没有廉耻观念。如果凭借道德来治理他们，使用礼教来约束他们，民众不但有廉耻观念，而且能自己纠正错误。"

【品读】这是孔子告诉君主如何治理民众的道理。第一，法治。这是基本层面的他律，但法治只能使人行为有收敛，而不知羞耻、善恶。第二，德治。这是深层面的自律，可以让人知廉耻而勤反省，识错误而常改进。人自身的文明进步，既靠法律约束，又靠道德自律，离开这两个层面的他律和自律都不行。此外，还应有宗教信仰的约束和监督。基督教说"上帝"无处不在又从不眨眼，佛教说"佛"无事不能又从不受骗，中国人常说"人的头上三尺有神灵"，"人在做，天在看"。所以，谁也不要有侥幸心，你无论干什么都不可能瞒过去。我们的文化中，崇尚以德治国而非以法治国，这是一贯的传统。然而，很多人没有弄清"道德"的本意，把"道"与"德"混淆起来。其实，"德"的本体是"道"，"德"是行"道"的规范，也就是"德"要顺其"道"。简单地说，人做事有规矩就是有德，没规矩就是没德，没德就不成人。所以说德治是人的自律，靠人的自觉精进去修养，然而人们往往强调了自觉，忽视了自律即规矩的约束。现今，人们在说"道德"教育，却不讲律的约束作用怎么样，国家、学校都没有制定出具体的"德"的律文，尤其是不执行律文怎么办？应受到怎样的处罚？没有强制的约束，完全凭自觉或说服，等于没有律，这样人是不会有"德"的，更不会有"道德"。所有国家的文明都是靠法律和规则的严厉执行推进的，新加坡导游就对游客说："新加坡的文明是罚出来的。"小错不罚铸大错，从小不管成坏蛋；有德（规矩）不行（执行）等于没德，没德行不处罚等于没信；没信而人无立，国则乱。对人的自律，对国的法律都要严，尤其对领导更要严，这样，整个社会的廉耻观、法治观才会建立起来。

2.16 子曰:"攻乎异端,斯害也已。"

【译文】孔子说:"抨击相反的观点一定招致祸害。"

【品读】"攻乎"可理解为学习研究或批判,"异端"就是与自己不同甚至相反的意见、主张、观点。孔子是想告诉人们学习研究或批判异端邪说都会惑乱自己,招致祸害,换句话说就是有毒的东西不能碰,老虎的屁股不能摸。不要动不动就搞大批判,什么都批得臭不可闻,什么都驳得体无完肤。这样做的结果往往适得其反,甚至招来不必要的麻烦而使自己处于被动。其实,真正从事理论学术研究就不要固执已见,一味批判不同或相反的见解。即使从政也应该善于思考,辨伪存真,不要一味抨击相反的意见,听一听不同的声音,容忍反对的声音存在,这样就可减少偏见或避免祸害。听不到不同或反对的意见而形成的决策,一定是有问题或是错误的决策。百家争鸣、无攻异端,才会有百花争艳、风清日朗的美景。万物并存不相害,道并行而不相悖才是真正和谐的社会。

2.19 哀公问曰:"何为则民服?"孔子对曰:"举直错诸枉,则民服;举枉错诸直,则民不服。"

【译文】鲁哀公问道:"怎样做才能使百姓服从呢?"孔子说:"把正直的人提拔起来,放在邪恶的人之上,百姓就服从了；若是把邪恶的人提拔起来，放在正直的人之上，百姓就不会服从了。"

【品读】孔子给鲁哀公提了个很好的收服民心的建议，但是，仅凭君王一个人的眼力或少数人的选贤举能可靠吗？只有任用那些由国民自己公开选举出来的人才能让国民更加信服。

2.20 季康子问："使民敬，忠以劝，如之何？"子曰："临之以庄，则敬；孝慈，则忠；举善而教不能，则劝。"

【译文】季康子问："要使人民严肃认真，尽心竭力和互相勉励，应该怎么办呢？"孔子说："你对待人民的事情严肃认真，他们对待你的政令也会严肃认真；你孝顺父母，慈爱幼小，他们也就会对你尽心竭力；你提拔好人，教育未成才的人，他们也就会互相勉励。"

【品读】季康子的问题，也是所有君主、大夫的问题，他们都期盼国民对自己敬心竭力。孔子回答得很好，大意是说，你想得到什么就给别人什么，简言之：以身作则，君事民以敬，举人以善，行之以庄，老幼相慈，老百姓自然会忠心耿耿。

2.21 或谓孔子曰："子奚不为政？"子曰："《书》云：'孝乎惟孝，友于兄弟，施于有政。'是亦为政，奚其为为政？"

【译文】有人对孔子说:"你为什么不参与政治?"孔子说:"《尚书》上说:'孝呀,只有孝顺父母,友爱兄弟,把这种风气带到政治上去。'这也就是参与政治了呀,为什么一定要做官才算参与政治呢?"

【品读】孔子一生多半坐坛教学,编书立说,四方游说,从政时间相对较短。所以,才有人问他为什么不参与政治活动。他回答得很巧妙,一方面说孝顺父母,友爱兄弟,就是参政,意思是说做好身边的事就是参政了;另一方面是为自己没做官而找的托词。其实孔子也很想当官。

3.15 子入太庙,每事问。或曰:"孰谓鄹人之子知礼乎?入太庙,每事问。"子闻之,曰:"是礼也。"

【译文】孔子到了周公庙,每件事都发问。有人便说:"谁说叔梁纥的这个儿子懂得礼呢?他到了太庙,每件事都要向别人请教。"孔子听到了这话,便说:"(不懂得的便问)这正是礼呀。"

【品读】谦逊不装傻,不必凡事必问惹人厌烦,能做到不懂就问便符合礼节。

3.18 子曰:"事君尽礼,人以为谄也。"

【译文】孔子说:"服侍君主,一切依照臣子的礼节去做,别人却以为他在谄媚哩。"

【品读】"事君尽礼"，不是谄媚。但为什么有人一定要说你是谄媚呢？问题还是出在自己身上，扪心自问，你"事君尽礼"，那你对待同事和下属也"尽礼"吗？你不能一视同仁地对待上级和下级，就难怪同事和下属说你"事君尽礼"是谄媚。

3.25 子谓《韶》："尽美矣，又尽善矣。"谓《武》："尽美矣，未尽善也。"

【译文】论及《韶》乐，孔子说："美妙极了，而且充满善意。"论及《武》乐，则说："同样美妙，却没有善意。"

【品读】《韶》是舜时的乐曲，《武》是周武王时的乐曲，这两部乐曲同样美妙动听，却有"尽善"与"未尽善"的不同。因为舜的王位是由禅让得到的，而周武王的王位是讨伐商纣得到的。可见孔子赞成王位用民主推荐的方法产生，不赞成武力夺取政权。其实舜和周武王都是孔子崇拜的圣贤能人。就音乐本身而言，不仅要好听，更要有善意。

3.26 子曰："居上不宽，为礼不敬，临丧不哀。吾何以观之哉？"

【译文】孔子说："居于领导地位却不宽宏大量，行礼的时候却不严肃认真，举行丧礼的时候却不悲哀。这种样子我怎么看得下去呢？"

【品读】孔子批评有的领导胸襟狭窄，有的人行礼不端庄，有的人参加丧礼却不悲哀。其实是说人呀，干什么事要像什么样，无论干什么都要依一定的礼节行事，切不可怠慢胡来。

4.12　子曰："放于利而行，多怨。"

【译文】孔子说："依据个人利益而办事，会招致很多怨恨。"

【品读】凡事利害相连，有利就有弊。对你有利的事对你也一定有害，对你越有利，同时对你也越有害。所以，孔子告诫人们，考虑事情不要利欲熏心，私欲越少，怨恨也越少。特别是当官的，不能纵心求利，这样会导致不良后果。

4.14　子曰："不患无位，患所以立；不患莫己知，求为可知也。"

【译文】孔子说："不发愁没有职位，只发愁没有自立的本领；不怕没人知道自己，去追求足以使别人知道的本领好了。"

【品读】孔子是勉励学生专心学习本领，不要发愁无位而无立，"莫愁前路无知己，天下谁人不识君"。但从古至今也有许多有才华、有品位的人，因没有地位，没有名气，又没有施展才华的平台和机会而终生无为，尤其在文化专制的社会，这样的悲剧十分常见。所以，孔子告诉人们一定要有真才实学，一定要让人知道你有真本领，并在社会实践中施展出来。孔子自己就是这样做的。

5.16 子谓子产，"有君子之道四焉：其行己也恭，其事上也敬，其养民也惠，其使民也义。"

【译文】孔子评论子产时说："他有四种行为合乎君子之道，他自己的容颜态度庄重恭敬，他对待君主心怀敬畏，他教养民众以实惠，他役使众民合乎道义。"

【品读】这是孔子敬重的郑国大夫子产的四大优点，他推崇子产，是想唤醒当时的当权者发扬子产的这些精神，挽救社会危局。其实这四点也适合现在当官从政的要求：自己的行为举止庄严恭敬；对领导安排的工作尽心躬行；注重教养民众并予以实惠；公共事务安排合情合理。

6.8 季康子问："仲由可使从政也与？"子曰："由也果，于从政乎何有？"

曰："赐也可使从政也与？"曰："赐也达，于从政乎何有？"

曰："求也可使从政也与？"曰："求也艺，于从政乎何有？"

【译文】季康子问孔子："仲由这人，可以叫他治理政事吗？"孔子说："仲由果敢决断，对于治理政事有什么困难呢？"

又问："子贡可以叫他治理政事吗？"孔子说："子贡通达人情事理，对于治理政事有什么困难呢？"

又问："冉求可以叫他治理政事吗？"孔子说："冉求多才多艺，对于治理政事有什么困难呢？"

【品读】孔子认为，他的学生们都具备不同的参政才能，关键是君主或高位领导能否做到用人所长、扬长避短、知人善任。遗憾的是孔子的学生大多没有去当官从政，偶有出来辅佐君主、士大夫的也是短期的。

6.24　子曰："齐一变，至于鲁；鲁一变，至于道。"

【译文】孔子说："齐国一经改革，便达到鲁国的水平；鲁国一经改革，就可以达到仁政的大道了。"

【品读】仁道或王道都是相对于霸道而言的，仁道是君主用仁心、仁德治国，霸道是君王滥用权力治国。仁道可以使国家长治久安，兴盛发达；霸道也可使国家出奇迹、出政绩，但都不长久。孔子期盼经过不断改革，国家的治理由霸道逐步变成仁道。孔子可谓改良派的祖先。

8.2　子曰："恭而无礼则劳，慎而无礼则葸，勇而无礼则乱，直而无礼则绞。君子笃于亲，则民兴于仁；故旧不遗，则民不偷。"

【译文】孔子说："一味地注重容貌态度的端庄，却不知礼，就未免劳倦；只知谨慎，却不知礼，就流于畏葸懦弱；专凭敢作敢为的胆量，却不知礼，就会盲目闯祸；心直口快，却不知礼，就会尖刻刺人。在上位的人若能用深厚的感情对待亲族，那老百姓就会因此走向仁德；在上位的人不遗弃他的老同事、老朋友，那老百姓就不会对人冷淡无情。"

【品读】这句话，孔子有两层意思。一是不论什么样的人都要用"礼"来约束自己，凡事要讲究适度、适中、合情、合理；二是良好社会风气的构建主要靠领导干部忠于职守、不越礼节。"礼"是规范社会秩序的一种制度，"礼"的目的是建构和谐社会，其核心是针对人的不平等和事物的不相同构建和谐共存。

8.4 曾子有疾，孟敬子问之。曾子言曰："鸟之将死，其鸣也哀；人之将死，其言也善。君子所贵乎道者三：动容貌，斯远暴慢矣；正颜色，斯近信矣；出辞气，斯远鄙倍矣。笾豆之事，则有司存。"

【译文】曾参病了，孟敬子去探问他。他对孟敬子说："鸟快死时，鸣声是悲哀的；人将死时，说出的话是善良的。我现在对你说几句吧，在上位的人待人接物有三件事情应该注重：把自己的容貌严肃起来，就可以避免别人的粗暴和怠慢了；把自己的脸色端庄起来，就容易使别人相信了；说话的时候，多考虑一下言辞和声调，这就可以避免鄙陋粗野和不正确了。至于礼仪的细节，自有主管其事的人在那儿，你不必多去操心。"

【品读】曾子借孟敬子探病的机会，对"君子"（处于领导地位的人）提出了几点忠告。一是说君子要相信"鸟之将死，其鸣也哀；人之将死，其言也善"的普世慈悲的道理。二是说作为一个君子，特别要注意的三件事，"动容貌"、"正颜色"、"出辞气"。这在当今官场也很重要，但也难免酸臭迂腐。道貌岸然的伪君子万万要不得。三是说君子不必多管琐碎杂事，特别是当第一把手的领导，不能事无巨细都抓在手里不放，事必躬亲。一定要抓大放小，善于用人，以免捡了芝麻丢了西瓜。但曾子忽视琐碎杂事也不好，琐碎的事情一定要专人负责，否则也会因小失大。

8.9　子曰："民可使由之，不可使知之。"

【译文】孔子说："老百姓（常人），可以使他们照着我们指出的道路去走，不可以使他们知道那是为什么。"

【品读】这句话是近代反孔浪潮中受批判最多的话之一。许多儒学者曾试图解通这句话，有的甚至重新断句为"民可使，由之；不可使，知之"。意思是"老百姓可以做到，就由老百姓自觉去做；老百姓做不到或者不明白的，最好使其明白事情的缘由"。郑玄认为这个"民"是愚民；朱熹则认为是常人，"不知其所以然"而行事。但不管怎么解释，孔子的"民"指的都是百依百顺的普通老百姓，即普通劳力者，而且要领导人"不可使知之而可使由之"。这一点和老子"常使民无知无欲"的"无为"思想是相通的。这就难怪受到民主人士的批判了。也有学者把中国几千年的权威主义，即独裁专制，归罪于中华民族传统思想（孔子思想）。近代许多留学归国的著名学者，也把孔子视为封建专制的卫道士，口诛笔伐，彻底打倒。

笔者认为，孔子能在极端个人强权的时代给处于上位的人提出"君子"和"小人"的标准，太勇敢了。孟子提出"民为贵，社稷次之，君为轻"也很了不得。如果要求他们提出像近代民主思想那样的主张是不现实的。只能说孔子的"民可使由之，不可使知之"是专制时代和强权政治的特色，而孔子只是说了句老实话。

8.14 子曰："不在其位，不谋其政。"

【译文】孔子说："不居于某一种职位，便不考虑某一方面的政务。"

【品读】这句话在《论语》中的《泰伯篇》和《宪问篇》两次出现，可见是孔子说得较多的话。孔子主张君臣有礼、上下有序的分层管理模式。这一点至今也依然非常重要。曾子在《宪问篇》中说，"君子思不出其位"，正恰与拿破仑"不想当将军的士兵不是好士兵"的说法相去甚远。我们主张在其位，谋其政。领导志存高远可以，但应时刻记住守其位，负其责，不越级，不分心。也有例外，孔子自己没当官，却一心为当官的谋划，好在他从不干政，只是有问必答，不问不答。

8.18 子曰："巍巍乎！舜禹之有天下也，而不与焉。"

【译文】孔子说："舜和禹真是崇高得很啊！贵为君王，富有四海，却整天为百姓操劳，一点也不为自己。"

【品读】孔子极力推崇舜禹不贪图王位之尊而为百姓勤恳劳作，也是批评当时的诸侯贪图权贵富有而不顾及百姓的死活。"不与"也可解释为不参与，那么这句话的意思就不一样了。孔子在《卫灵公篇》中说，"无为而治者其舜也与"，而舜"恭己正南面而已矣"，说明孔子也主张无为而治。当君王的一定要任用仁人能臣，臣下自觉做好本职工作；当君王的不要胡乱参与，更不要颐指气使，干涉臣民的自由，这样整个社会就会出现自然和谐的局面。

8.19 子曰："大哉尧之为君也！巍巍乎！唯天为大，唯尧则之。荡荡乎！民无能名焉。巍巍乎其有成功也；焕乎其有文章！"

【译文】孔子说："伟大呀！尧君，您太崇高了！唯有天最为高大，也只有尧君能和天比肩。他对人民的恩惠浩荡无比，老百姓简直不知道怎样去称赞他。他的功绩实在太伟大了，他的礼仪制度也真是太好了。"

【品读】孔子在《泰伯篇》中有三段称颂禅让制和尧、舜、禹的话，而且赞美之词无以复加。什么"巍巍乎"、"荡荡乎"，甚至把尧抬到和天一样浩大无比的地位。这是因为：首先，尧、舜、禹的君主地位都是"禅让"得来，不是谋权篡位所得的；其次，他们在上位前都很有善举、政绩突出，得到百姓的拥戴；再次，他们虽贵为天子、富有四海，却整日为老百姓操劳，一点也不为自己（"舜禹之有天下也而不与焉！"），老百姓高兴得不知怎样去赞美他们了（"民无能名焉"）；最后，他们从不谋权专断，而是选贤举能，禅让给比自己更能干的人。这些都说明孔子并不赞成皇权世袭、个人专断。

8.20 舜有臣五人而天下治。武王曰："予有乱臣十人。"孔子曰："才难，不其然乎？唐虞之际，于斯为盛。有妇人焉，九人而已。三分天下有其二，以服事殷。周之德，其可谓至德也已矣。"

【译文】舜有五位贤臣，天下便太平。武王也说过："我有十位能治理天下的臣子。"孔子因此说道："人才不易得，不是这样吗？唐尧和虞舜之间以及周武王说那话的时候，人才最兴盛。然而武王的十位人才之中还有一位妇女（武王之母），实际上只是九位罢了。周文王得了天下的三分之二，仍然向商纣称臣，周朝的道德，可以说是最高的。"

【品读】尧舜之君，周文、武二王，都是历代称颂的贤能圣君，他们之所以能把国家治理成兴盛之邦，都因为重视人才，也就是说一个国家兴旺发达的基本要素是圣君加贤才。孔子说"才难",一才难求,其实不然,只要把伯乐式选才变换成民众民主选才便可。最后一句话孔子是说圣君也好,贤才也好,都要有"至德"的品质。另外,孔夫子为什么把女性排除在人才之外,至今不得而知。

8.21 子曰:"禹,吾无间然矣。 菲饮食而致孝乎鬼神,恶衣服而致美乎黼冕,卑宫室而尽力乎沟洫。 禹,吾无间然矣。"

【译文】孔子说:"禹,我对他没有批评了。 他自己吃得很差,却把拜鬼神的祭品办得极丰盛;穿得很差,却把祭祀的衣冠做得极华美;住得很差,却把力量完全用于沟渠水利。 禹,我对他没有批评。"

【品读】孔子虽主张敬鬼神而远之,其实也承认天地之间具有神性。祭祀也是人与天、地、神的互动,事在人为,成在天命。禹在祭祀时的丰盛与华丽是可以理解的,不能责怪是迷信。最后一句,孔子说禹已经很不错了,不能求全责备。

9.26 子曰:"三军可夺帅也,匹夫不可夺志也。"

【译文】孔子说:"三军的统帅可以被夺去,普通民众的意志决不可以被强迫改变。"

【品读】孔子特别强调人的意志的重要性，大意是平民百姓什么都可以没有，就是不能没有意志。如果是民众共同的意志，那可真是众志成城，怎么可以强迫它改变呢！匹夫之志不可夺，旨在倡导人们坚持自己的信念，不做墙头草。其实这句话不仅是给自己壮志用，更是告诉做统帅的人必须尊崇民众的意志，决不可一意孤行。然而，就个人的意志而言，随着天、地、人的变化是可以改变的。"三军可夺帅也"这句话是为"匹夫不可夺志"作比衬的，三军怎么能没有帅呢？蛇无头不行，鸟无头不飞嘛。

10.12 席不正，不坐。

【译文】坐席摆得不端正，不坐。

【品读】这里不只是说孔子非常重视饮食起居等良好的生活习惯，如"食不语，寝不言"，也可以理解为孔子对生活琐碎的细节严肃认真，决不马虎。这句话还可以理解为，不正确的事或不公正的事不做。席正与不正要依参照物而定，如席在房间里放着，它的四边必须与房的四边平行才叫正，不平行就是歪斜。那么这里就有一个问题，孔子的"席"正与不正的参照物究竟是什么，是"克己复礼"的礼吗？虽然是"坐"这样的小事，也要符合礼制，符合身份、等级、朝向。

11.1 子曰："先进于礼乐，野人也；后进于礼乐，君子也。 如用之，则吾从先进。"

【译文】孔子说:"先学习礼乐而后做官的,是未曾有过爵禄的普通人中质朴仁厚的人;先有了官位而后学习礼乐的是卿大夫的子弟。如果要我选用人才,我主张选用先学习礼乐的人。"

【品读】孔子主张用"先进于礼乐"的"野人"是有一定道理的,未曾有过爵禄的"野人"一般都会奋发上进、刻苦学习并能担当大任,大有作为。孔子特别强调"学习礼乐",意思是说当官的无知是不行的。至于先学和后学都可以,只要肯学就行,不学是万万不行的,世界上最可怕的就是愚昧无知,心术不正。

12.7 子贡问政。子曰:"足食,足兵,民信之矣。"

子贡曰:"必不得已而去,于斯三者何先?"曰:"去兵。"

子贡曰:"必不得已而去,于斯二者何先?"曰:"去食。自古皆有死,民无信不立。"

【译文】子贡问怎样治理政事。孔子说:"使粮食充足,使军备充足,使百姓对政府有信心。"

子贡说:"如果迫不得已,在粮食、军备和人民的信心三者当中一定要去掉一项,先去掉哪一项?"孔子说:"去掉军备。"

子贡说:"如果迫不得已,在粮食和人民的信心两者之中一定要去掉一项,又先去掉哪一项呢?"孔子说:"去掉粮食。自古以来谁都免不了死亡。如果人民对政府缺乏信心,国家是立不起来的。"

【品读】孔子强调国家取信于民是立国的根本。人无信不立是指个人，民无信不立是指国家。一个国家的强盛和政府的强大，不仅指物质富有、武器精良，真正的"强"在于能取得国民真诚的爱戴和拥护。"民信、足食、足兵"是一个强盛国家不可缺失的三项指标。

12.9　哀公问于有若曰："年饥，用不足，如之何？"

有若对曰："盍彻乎？"

曰："二，吾犹不足，如之何其彻也？"

对曰："百姓足，君孰与不足？百姓不足，君孰与足？"

【译文】鲁哀公向有若问道："年成不好，国家用度不够应该怎么办？"

有若答道："为什么不实行十分抽一的税率呢？"

哀公说："十分抽二，我还不够，怎能十分抽一呢？"

有若答道："如果百姓的用度够，您怎么会不够？如果百姓的用度不够，您又怎么会够？"

【品读】鲁哀公问政于有若的这段对话，是有若告诉当政者先求富民，后求富国，民富则国富，民穷则国穷的道理。政府的主要职能是为国民服务，多考虑老百姓怎样能富起来。民富何愁国不强。

12.11　齐景公问政于孔子。孔子对曰："君君、臣臣、父父、子子。"公曰："善哉！信如君不君、臣不臣、父不父、子不子，虽有粟，吾得而食诸？"

【译文】齐景公向孔子问政治。孔子答："君要像个君、臣要像个臣、父亲要像父亲、儿子要像儿子。"景公说："对呀！若是君不像君、臣不像臣、父不像父、子不像子，即使粮食很多，我能吃得着吗？"

【品读】儒家主张名正言顺，孔子所说君、臣、父、子是为正名顺位。也就是说君要像君，臣要像臣，父要像父，子要像子，既不能混淆，也不能颠倒。君臣、父子之间既不能是亲切如己的朋友，也不是没有尊卑关联的路人。他们应该各守其道，各尽其责，和谐相处。否则，国则混乱，家则无序。

12.14 子张问政。子曰："居之无倦，行之以忠。"

【译文】子张问政治。孔子说："在位不要疲倦懈怠，执行政令要忠心。"

【品读】孔子认为，"无倦"、"以忠"是为政者基本的德行品质。做事就要勤勤恳恳，毫不懈怠；为人就要诚实信守，毫无二心。只有这样才能政令畅通，政绩突出。

12.17 季康子问政于孔子。孔子对曰："政者，正也。子帅以正，孰敢不正？"

【译文】季康子向孔子问政治。孔子答道："政字的意思就是端正。您带头端正自己，谁敢不端正呢？"

【品读】"政者，正也"是孔子最重要的政治主张之一。"正"指端正，更有政令公正、正确的意思。孔子认为只要当官的先用正确的理论端正自己的言行，公正处理政务，感化民众，民众就会跟着端正自己的言行，社会风气就会好起来。俗话说"上梁不正下梁歪"，是很有道理的。

12.18 季康子患盗，问于孔子。孔子对曰："苟子之不欲，虽赏之不窃。"

【译文】季康子苦于盗贼太多，向孔子求教。孔子答道："假若您不贪图财物，即使奖励他们去偷去抢，他们也不会干。"

【品读】上行下效是个很普遍的社会现象，一般来说有什么样的领导就会有什么样的群众；有什么样的长辈，就会有什么样的晚辈。孔子一针见血地指出，季康子的问题是他自己造成的。同时告诉人们如果"下面"出了问题，肯定是"上面"有了问题。其实表率作用是有限的，只有领导的带头作用加上相应的制度约束和群众的民主监督，才能让贪赃行窃者无机可乘。

12.19 季康子问政于孔子曰："如杀无道，以就有道，何如？"孔子对曰："子为政，焉用杀？子欲善而民善矣。君子之德风，小人之德草。草上之风，必偃。"

【译文】季康子向孔子请教政治，说："假若把坏人杀掉来亲近好人。怎么样？"孔子答："您治理政事，为什么一定要从事杀戮？只要您想把国家搞好，下面的人自然都会好起来。领导人的作风好比风，下面的人的德行好比草，风向哪边吹，草向哪边倒。"

【品读】孔子再三给季康子讲"政者，正也"的道理，他老人家用风和草作比喻更形象地讲：领导人的品德就像风，下面的人的德行就像草，风向哪边吹，草向哪边倒。治理政事不必靠杀戮，有政令法制是必要的，但更主要是靠自己的仁心德行去教化民众。

13.1 子路问政。子曰："先之劳之。"请益。曰："无倦。"

【译文】子路问政治。孔子说："自己给百姓带头，然后使他们勤劳地工作。"子路请求多讲一点。孔子又说："永远不要懈怠。"

【品读】孔子一而再，再而三地述说他"政者，正也"的观点，从政就必须先正己，再正人。孔子说"无倦"，是永远不懈怠的意思，意在提醒子路不能半途而废或自己懒散，却要求别人勤奋。然而，治理国家也不能要求国君事必躬亲，国君毕竟不是作坊把头。这里只是说，领导只要把自己该干的事干好，勤于政务，下面的人自然会兢兢业业，把自己的工作做好。

13.2 仲弓为季氏宰，问政。子曰："先有司，赦小过，举贤才。"

曰："焉知贤才而举之？"曰："举尔所知；尔所不知，人其舍诸？"

【译文】仲弓做了季氏的总管，向孔子问政治。孔子说："给下属带头，不计较人家的小错误，提拔优秀的人才。"

仲弓说："怎样去识别优秀的人才并把他们提拔出来呢？"孔子说："提拔你所知道的；那些你所不知道的，别人难道会让他们埋没吗？"

【品读】孔子的用人之道是选贤举能，不求全责备。怎样能做到知人善任，选贤举能呢？孔子的说法是"举尔所知；尔所不知，人其舍诸"，这就靠不住了。在实际中，往往是任凭领导个人的好恶选人，领导很少选用别人推荐的人，专制社会几近没有尧舜之君。科举取士在当时是进步的，是较好的选拔人才的办法，但它的局限性也是明显的，终究是皇家选拔忠臣。现代社会，只有实行公开、公平、公正的民主直选，才能选出真正为民众服务的贤才能人。

13.4 樊迟请学稼。子曰："吾不如老农。"请学为圃。曰："吾不如老圃。"

樊迟出。子曰："小人哉，樊须也！上好礼，则民莫敢不敬；上好义，则民莫敢不服；上好信，则民莫敢不用情。夫如是，则四方之民襁负其子而至矣，焉用稼？"

【译文】樊迟请求学种庄稼。孔子说："我不如农民。"樊迟又请求学种蔬菜。孔子说："我不如菜农。"

樊迟退了出来。孔子说："樊迟真是（不识大体的）小人！领导者讲究礼节，百姓就没有人敢不尊敬；领导者行为正当，百姓就没有人敢不服从；领导者诚恳信实，百姓就没有人敢不说真话。做到这样，四方的百姓都会背着幼儿来投奔，为什么一定要自己种庄稼呢？"

【品读】孔子说"吾不如老农"、"吾不如菜农"，不只是实话实说、"知之为知之，不知为不知"的具体表现，更是强调作为领导不必事事都专业精深，只要能做到恭敬礼让、处事公正、行为正当、诚实守信、创造良好的人文环境，老百姓就会自觉做好自己的本职工作。孔子之所以在背后说樊迟是"小人"，原因有二：一是樊迟是孔子的学生，所以，责备樊迟学种庄稼、蔬菜是"小人"，不等于说种庄稼的就是"小人"。二是樊迟有违君子"未见颜色而言谓之瞽"之训诫。明知孔子不懂种庄稼和蔬菜，偏要问老师，这不是出老师的洋相吗！孔子在背后说他是"小人"，是给他留面子，也是对其他人的训示。

13.6 子曰："其身正，不令而行；其身不正，虽令不从。"

【译文】孔子说："领导人本身的行为正当，不发命令，事情也行得通。若是他本身的行为不正当，纵是三令五申，下属也不会信从。"

【品读】这句话是对"政者，正也"的又一阐述，就是说从政者处事公正公平，才能赢得群众的信任顺从。否则，下属就会迷惑混乱。孔子所说"政者"还有"礼也"、"事也"之说，他强调"正己"，是对当时权贵们的劝诫和严厉警告，也是时势所迫。

13.8 子谓卫公子荆，"善居室。始有，曰：'苟合矣。'少有，曰：'苟完矣。'富有，曰：'苟美矣。'"

【译文】孔子谈到卫国的公子荆，说："他善于居家过日子。刚有了一点，便说道：'差不多够了。'增加了一点，又说道：'差不多完备了。'多有了一点，便说道：'差不多富丽堂皇了。'"

【品读】孔子连说三个"差不多"不仅是对卫国公子荆的称赞，更是对当时各诸侯、卿大夫奢侈成风、贪得无厌的批评。要人们在物质上"差不多"就知足，更重要的是要以廉养德，以俭修勤，强化个人的品德修养。

13.9 子适卫，冉有仆。子曰："庶矣哉！"

冉有曰："既庶矣，又何加焉？"曰："富之。"

曰："既富矣，又何加焉？"曰："教之。"

【译文】孔子到卫国去，冉有替他驾车。孔子说："好稠密的人口！"冉有说："人口已经众多了，又该怎么办呢？"孔子说："使他们富裕起来。"

冉有说："如果已经富裕了，又该怎么办呢？"孔子说："教育他们。"

【品读】孔子主张"先富后教"，和管子《治国篇》中说的"凡治国之道，必先富民"是一致的。富而不教，会奢侈成风，懒惰成性，所以孔子强调教育的重要性。富是人的生理需要，良好的教育是人的精神需要，没有良好的教育，人就不能体现人的本性。

13.13 子曰："苟正其身矣，于从政乎何有？不能正其身，如正人何？"

【译文】孔子说："假若端正了本身的行为，治理国政有什么困难呢？假若连本身都不能端正，又怎样去端正别人呢？"

【品读】孔子不厌其烦地强调君主治国必先"正己"，这是孔子政治学说的核心。但是，其他的治国之术也是不可缺失的，如对领导的监督及处罚等，孔子却很少谈及。仅凭领导的自觉自律,"正己"是很难做到的。

13.15 定公问:"一言而可以兴邦,有诸?"

孔子对曰:"言不可以若是其几也。人之言曰:'为君难,为臣不易。'如知为君之难也,不几乎一言而兴邦乎?"

曰:"一言而丧邦,有诸?"

孔子对曰:"言不可以若是其几也。人之言曰:'予无乐乎为君,唯其言而莫予违也。'如其善而莫之违也,不亦善乎?如不善而莫之违也,不几乎一言而丧邦乎?"

【译文】鲁定公问:"一句话便可以使国家兴盛,有没有这话?"

孔子答道:"说话不可以像这样简单机械。不过,大家都说着这样的一句话,'做君上很难,做臣子也不容易'。假若做君上的知道做君上的艰难,自然会谨慎认真地干下去,不也近于一句话便可以使国家兴盛了吗?"

鲁定公又说:"一句话便可以使国家衰亡,有没有这话呢?"

孔子答道:"说话不可以像这样简单机械。不过,大家都说着这样一句,'我做国君没有别的快乐,只是我说什么话都没有人违抗我'。假若说的话正确没有人违抗,不也很好吗?假若说的话不正确也没有人违抗,那么,不也近于一句话便可以使国家衰亡吗?"

【品读】"一言可以兴邦,一言可以丧邦"是指对君王的话而言,这是君主专制社会的产物。在一个推行民主政治的国家里,不应该存在这种现象。

13.16 叶公问政。子曰："近者说，远者来。"

【译文】叶公问政治。孔子说："境内的人使他高兴，境外的人使他归顺。"

【品读】治理国家重在取悦民心，近亲远交。天下民心向往，是国家兴旺发达的关键所在。做人也一样，让自己亲近或身边的人高兴起来，离自己较远的人也愿意来往。反过来说，如果你在群众中声誉不好，那一定是身边亲近的人不高兴了。这时，你应该反省自己哪些事没做好，引起身边亲近人的怨恨了。

13.17 子夏为莒父宰，问政。子曰："无欲速，无见小利。欲速，则不达；见小利，则大事不成。"

【译文】子夏做了莒父的总管，问政治。孔子说："不要图快，不要只顾小利。图快，反而不能达到目的；只顾小利，就办不成大事。"

【品读】孔子借子夏出任莒父总管的机会，叮嘱他在处理政务时万不可求近功，贪小利，搞什么"新官上任三把火"。什么事情都要依照规律循序渐进，不能急功近利，否则，图快反而达不到目的，贪小利反而办不成大事。但急功近利是为官者的通病，总想为官一任，造福一方，急于出政绩，流芳百世。这是很危险的，当官的也要有"无为而治"的执政思想。

14.5 南宫适问于孔子曰："羿善射，奡荡舟，俱不得其死然。禹稷躬稼而有天下。"夫子不答。

南宫适出，子曰："君子哉若人！尚德哉若人！"

【译文】南宫适向孔子问道："羿擅长射箭，奡擅长水战，都没有得到好死。禹和稷自己下地种田，却得到了天下。"孔子没有答复。

南宫适退出。孔子说："这个人，好一个君子！这个人，多么崇尚道德！"

【品读】孔子不回答南宫适的问题是首肯他的提问。南宫适离开后，孔子给予其充分的肯定和赞赏。其实，孔子这些表现都显示了他的主张：用蛮力或武力的人都不得好死，用仁心的人懂得爱惜民众而终得天下。确实有些有才干的人往往为显示自己或满足私欲而逞强蛮干，因缺乏公心和谦恭而失去公信力或民心，反而败得一塌糊涂。

14.15 子曰："晋文公谲而不正，齐桓公正而不谲。"

【译文】孔子说："晋文公诡诈好耍手段，作风不正派；齐桓公作风正派，不用诡诈，不耍手段。"

【品读】孔子借对晋文公和齐桓公的评论，阐述他"政者，正也"的主张，即为官者首要的是作风正派，不用诡诈手段。但晋文公和齐桓公都是"春秋五霸"之一，在历史上各有千秋。孔子只是在道德层面上评价二人，其实在"方法"层面上说，诡诈与智谋是同义词，没什么正与不正，只能说明如果当权的不能随机应变，灵活应用权谋，虽坚持正确原则，但也不一定能把事情办好。

14.37 子曰："贤者辟世，其次辟地，其次辟色，其次辟言。"

【译文】孔子说："贤明的人远离乱世而隐居，次一等的择地而处，再次一等的不愿见别人不好的脸色，再次一等的不愿听别人的恶言。"

【品读】听起来，孔子把避世做隐士的人称为贤者，其实他自己生逢乱世却没有去隐居，而是颠沛流离，四处呼号。人生在世，于家、于国、于人，还是要尽心、尽职、尽责，争一时才有千秋，成一事方显英雄。

14.41 子曰："上好礼，则民易使也。"

【译文】孔子说："在上位的人若遇事依礼而行，就容易使百姓听从指挥。"

【品读】在上位的人遇事若能依礼而行，言行十分规范，自己不乱来，那么老百姓也能依礼而行。这样整个集体就会和谐融洽，秩序良好。其实孔子是要人人都遵守规章制度，无论谁都不能乱说乱动，这样，人与人之间就能和睦共处了。

14.42 子路问君子。子曰："修己以敬。"

曰："如斯而已乎？"曰："修己以安人。"

曰："如斯而已乎？"曰："修己以安百姓。修己以安百姓，尧舜其犹病诸！"

【译文】子路问怎样做才能算是一个君子。孔子说："修养自己，严肃认真地对待工作。"

子路说："这样就够了吗？"孔子说："修养自己，使一般人安乐。"

子路说："这样就够了吗？"孔子说："修养自己，使所有老百姓都得到安乐；修养自己，使所有老百姓都得到安乐，尧舜大概还没有完全做到哩！"

【品读】子路与老师的问答有点像挤牙膏，子路连续三问，孔子对"君子"的描述才逐步完整。孔子说有仁德、有能力的人，要以恭敬严肃的态度对待工作和他人，并不断修身内省，提高自己的德行，让人们都能得到安乐。虽然这是尧舜之君也难做到的，但必须去努力让所有人都得到安乐。这才是君子修己的唯一目标。

15.20 子曰："君子疾没世而名不称焉。"

【译文】孔子说："君子忧虑的是到死而没有留下被人称道的名声。"

【品读】俗话说"人过留名，雁过留声"。这里孔子说的是"君子"要留名，不是指普通老百姓。在《论语》中，没有见"人"字和"民"字连在一起用的。孔子的"民"指老百姓，"人"指君子和小人。能在人世间立德、立功、立言而流芳后世的人不多。后人把"君子"理解成所有的人，意在教化人们，要为死后有个好名声而建功立业，最起码不要做坏事而留有臭名，让子孙后代抬不起头来。其实为留名而活着是很累的，人人都应珍惜生命，活出自己的幸福就好。如若人人都活得幸福，那么人间就是天堂。

15.33 子曰："知及之，仁不能守之，虽得之，必失之。知及之，仁能守之，不庄以莅之，则民不敬。知及之，仁能守之，庄以莅之，动之不以礼，未善也。"

【译文】孔子说："聪明才智足以得到禄位，仁德不能保持它，就是得到了，一定会丧失它。聪明才智足以得到禄位，仁德又能保持它，不用严肃的态度来对待百姓，百姓也不会认真地生活和工作。聪明才智足以得到禄位，仁德又能保持它，又用严肃的态度来对待百姓，假若不合理合法地动员百姓，也不会有好的结果。"

【品读】孔子特别强调了从政者必须具备的四种素质，即才智、仁德、庄重、以礼。老人家把仁德放在第一位，意思是当政者仁德不行，就什么事都干不成。凡事不能坚守仁德，即使得到了也会失去。同时也说才智、庄重、以礼都不可缺。否则，就会出现"必失之"、"民不敬"、"未善也"的情况。

15.41 子曰："辞达而已矣。"

【译文】孔子说："言语文辞，能表达自己的意思就可以了。"

【品读】孔子在《雍也篇》中说："文胜质则史。"意思是过于浮华的辞藻会掩盖内容的朴拙真挚。这里又说文辞能达意就行了，不必追求文辞华丽，其实是批评文辞浮华这种不良的文风。而事实上这种文风至今仍有，那是因为很多人的眼球都愿意盯在华丽的辞藻上，享受感官上的刺激。但为政者的讲话、发表的文章还是要言简意赅、朴拙真挚的好。即使人们在写文章时也不要刻意追求"语不惊人誓不休"的效果。

18.2 柳下惠为士师，三黜。人曰："子未可以去乎？"曰："直道而事人，焉往而不三黜？枉道而事人，何必去父母之邦？"

【译文】柳下惠做法官，多次被撤职。有人对他说："您不可以离开鲁国吗？"他说："正直地工作，到哪里去不多次被撤职呢？若是不正直地工作，又为什么一定要离开祖国呢？"

【品读】柳下惠做官的感言太精辟了。如果国家到处充斥歪风邪气，怎么能容得下"正直"呢？空气都被污染了，还有两袖清风吗？即使在政治清明的时候，也总是有歪风邪气不断侵扰。所以，做官的也很难。正道事人，很容易得罪人，真话也一样得罪人；枉道事人，自己的良心不容，神情不安。最好是说话做事乖巧委婉又不失正直良心，这样的人才能做好官。

18.4　齐人归女乐，季桓子受之，三日不朝，孔子行。

【译文】齐国送了许多歌姬舞女给鲁国，季桓子接受了这种贿赂，沉迷于酒色，三日不问政事。孔子见此，就离开了鲁国。

【品读】有人说孔子出游列国也是被女人逼的。第一次离开鲁国，是因季桓子接受了这80多个歌姬舞女的贿赂，后来离开卫国是因为卫灵公偕夫人（南子）招摇过市，孔子看不惯，拂袖而去。听起来都是因诸侯国君的"好色"引起孔子的气愤，其实也是因为未见他们"好德"，孔子才出走他乡，践行仁德。

18.10　周公谓鲁公曰："君子不施其亲，不使大臣怨乎不以。故旧无大故，则不弃也。无求备于一人。"

【译文】周公对鲁公说道："君子不怠慢他的亲友，不使大臣怨恨自己不被信任，老臣故人若没有发生严重过失，就不要抛弃他。不要对某一人求全责备。"

【品读】周公告诉鲁公仁厚治国的道理。对亲族不怠慢，但也不能偏袒；正确对待大臣们的不同意见，不要让他们产生怨恨；对老臣故旧若没有大的过失，不要抛弃他；对人不要求全责备。这样，就能使人们信任你。简而言之，真诚相处，宽以待人。

20.1 尧曰："咨！尔舜！天之历数在尔躬，允执其中。四海困穷，天禄永终。"舜亦以命禹。

曰："予小子履敢用玄牡，敢昭告于皇皇后帝：有罪不敢赦，帝臣不蔽，简在帝心。朕躬有罪，无以万方；万方有罪，罪在朕躬。"

周有大赉，善人是富。"虽有周亲，不如仁人。百姓有过，在予一人。"

谨权量，审法度，修废官，四方之政行焉。兴灭国，继绝世，举逸民，天下之民归心焉。

所重：民、食、丧、祭。

宽则得众，信则民任焉，敏则有功，公则说。

【译文】尧帝说："舜呀！上天的使命落在你身上了，一定要诚实地坚持中正的原则。如果天下的民众都贫困了，上天赐予你的禄位也就永远完了。"舜帝让位时也这样告诫禹。

商汤说："我这小子履，大胆采用黑色公牛作祭品，大胆明白地祭告辉煌伟大的天帝：我对有罪的人绝不敢擅自赦免，您的臣属有错我也不掩盖，您心里明白就行。如果我自身有罪，请不要连累天下民众，天下民众有罪，这罪在我一人身上。"

周朝曾举行大赏赐，使善良的人都富起来了。周武王说：

"虽然有天子家的亲友，但不如有仁德的人。老百姓如有过失，都该由我一人承担。"

要慎重审查量具衡器，审查丈量尺度，恢复废弃的官职，天下的政令就会行得通了。复兴灭亡诸侯，承继断绝世家，举荐隐逸人才，这样天下民众无不心悦诚服了。

当权者应该特别重视：民众、粮食、丧葬、祭祀。

宽厚就能获得民众，诚信就能得到民众拥护，勤敏就会有政绩，公平民众就高兴。

【品读】孔子借评论历代圣明君主，阐述宽厚、诚信、勤敏、公允的治国道理。特别强调圣明的君主敢于担当，商汤说："万方有罪，罪在朕躬。"周武王说："百姓有过，在予一人。"意思是勇于担当天下道义。圣明的君主最重要的是"允执其中"、"公则说"。意思是处理事务要"执中"，即适当、合适、合理、合情。"公"即公平、公正，这样民众就会高兴地接受领导。所以，孔子称中庸是"至德"。

为什么孔子把丧葬、祭祀列入执政的四大要务，因在当时人、神、鬼混沌的时代，人们是非常重视祭神和丧葬礼仪的，所以，执政者必须顺乎民意。因此，孔子在《泰伯篇》中赞扬禹：自己吃得很差，却把祭品办得很丰盛；自己穿得很差，却把祭祀穿的衣冠做得很华美。

20.2　子张问于孔子曰："何如斯可以从政矣？"

子曰："尊五美，屏四恶，斯可以从政矣。"

子张曰："何谓五美？"

子曰:"君子惠而不费,劳而不怨,欲而不贪,泰而不骄,威而不猛。"

子张曰:"何谓惠而不费?"

子曰:"因民之所利而利之,斯不亦惠而不费乎?择可劳而劳之,又谁怨?欲仁而得仁,又焉贪?君子无众寡,无小大,无敢慢,斯不亦泰而不骄乎?君子正其衣冠,尊其瞻视,俨然人望而畏之,斯不亦威而不猛乎?"

子张曰:"何谓四恶?"

子曰:"不教而杀谓之虐,不戒视成谓之暴,慢令致期谓之贼,犹之与人也,出纳之吝谓之有司。"

【译文】子张向孔子请教说:"怎样才能治理好政事呢?"

孔子说:"尊崇五种美德,摒弃四种恶政,这就可以治理好政事了。"

子张说:"这五种美德是什么?"

孔子说:"君子对人施惠而不浪费;役使百姓而百姓不怨恨;追求仁义而不贪求财物;舒坦而不骄傲;表情威严而不凶猛。"

子张说:"什么是对人施惠而不浪费?"

孔子说:"让人民做有利于他们自己的事情,这不就是施惠给他们而不浪费吗?选择人民可以做的事叫他们去做,那还会有谁怨恨?想要仁德得到仁德,那还贪图什么呢?君子待人无论人多人少,也无论势大势小,都不敢怠慢,这不就是舒坦而不骄傲吗?君子衣冠整洁,目光端正,别人看见他的严肃态度就会产生敬畏之心，这不就是威严而不凶猛吗？"

子张说："四种恶政是什么呢？"

孔子说："不教育而杀戮叫做虐，不先告诫而要求速成这叫暴躁，下令迟缓又限期完成这叫害人，同样是给人家东西，但出手吝啬叫小家子气。"

【品读】孔子指出人在官场的五种美德和四种恶习，至今仍符合评判公务员素质的标准。人在官场，权在手中，诱惑很多，身不由己。所以，两千六百年前孔子指出的这五种美德许多人并没有完全养成，而四种恶习却依然存在。我们不得不发问：是人性使然还是体制的原因？笔者也总结出现代版的官场五种美德、四种恶习，用以共勉。五种美德：谋利于国，惠于民；公平正义，诚则赢；勤于政务，细则成；言必真实，行则胜；廉洁从政，做好人。四种恶习：谋政绩，图官升；权换利，互私隐；概不问，民疾苦；多贿赂，吃喝赌。

20.3 孔子曰："不知命，无以为君子也；不知礼，无以立也；不知言，无以知人也。"

【译文】孔子说："不懂得命运，没有可能作为君子；不懂得礼，没有可能立足于社会；不懂得分辨人家的言语，没有可能来了解人。"

【品读】孔子提出做人（或君子）的三个常识，也是人们通常说的"三不知"。首先，要听天命，知顺势，由成败。其次，不论成败得失，人都要依礼（规矩）而行，自觉修德，使自己立足于社会。最后，社会是人群共生的组织集体，但也有道不同不相为谋的要求，要知人的同与不同，必须能辨别其言论的真伪，否则，不能知人焉能相谋。如果把"命"解释为天命或社会发展的规律，"礼"解释为典章礼仪制度，"言"解释为圣人之言，更符合孔子的本意。把"言"解释为圣人之言，意思是用圣人说的话作标准去辨别人，就能准确了解人的品质德性（即知人）。

修身篇

有修养就是懂得如何悟本求道，无道德就是不知如何做人论事。

反躬自问　克己修身

　　《论语》中，孔子关于修身的言论，阐述了修身要达到的人性标准是"仁、义、礼、智、信、忠、诚、勇（耻）"等八德；修身要达到的情态标准是"温、良、恭、俭、让"等五情；修身的方法是反躬自问，内省自修。这就构建起了古代君主专制下针对民众的教化模式。《大学》开篇第一句就是"大学之道，在明明德，在亲民，在止于至善"。人的自然属性和动物没什么两样，人是理性的动物，人类社会需要利用公德对人的行为予以约束。这才是人自身修养的本质。我们不能苛求人人都做"圣人"，但至少应该把孔子提出的做人标准作为行为的准则。

　　孔子主张三畏，"畏天命，畏大人，畏圣人之言"，老子也说："人法地、地法天、天法道、道法自然。"人既然改变不了天地自然，那就只能改变自己，境由心转，内敛修养以提升自己的品德行为，从而形成至善的社会道德风尚。这也说明外在环境对人的思维、意识、行为、生活有着巨大的影响，而且在社会生活中往往显示出环境对人的改造，所以，才有"习相远"一说。但孔子只强调了人对天、地、自然等外在环境的适应、顺从，没有谈到人对自然环境和人文环境的要求和希望，让人们逐渐丧失了维护自身正当利益和改变外在环境的意识。这恰好符合皇权要求人们做忠臣顺民的思想。所以，历代皇帝尊孔子为"大成至圣先师"，儒家思想也逐渐被尊为中国道统的文化思想，成为禁锢人们的思想意识。为此，近代以来，儒家思想不断遭到批判，但一些批判失之公正，过于武断。儒家思想对中国人的影响并未中断，人们仍多表现出温良、谦让、内敛的思想和行为特征。这些都完全符合现代社会所需的人本精神和市场经济所依的诚信品质。只有不断地反省自问、克己修身，人们才能获得自身本有的智慧和快乐。

1.6　子曰："弟子入则孝，出则悌，谨而信，泛爱众，而亲仁。行有余力，则以学文。"

【译文】孔子说："青年人在家应孝顺父母，出外应尊敬长辈，行事要谨慎，说话要守信，泛爱大众并亲近有仁德的人，做到这些还有多余的精力，就再去学习文化知识。"

【品读】孔子主张在生活实践中学习，尤其是孝悌、谨信、亲仁、学问这样一些做人的"常识"。他把"学文"（指诗文六艺）放在最后，不是说学习文化知识不重要，而是强调首先应学会做人的常识和做事的常理，然后再抓紧时间学习知识，在实践中边做边学。这也就是明朝王阳明的"知行合一"和近代陶行知的"行是知之始，知是行之成"及"教学做合一"的教育思想。现在中国的教育亟待改革，应试教育导致学校、家长看重的是文化知识的应试成绩，忽视了最基本的品德修养的常识教育，而且把孩子圈在校园，几乎与社会实践生活隔绝，这很容易导致学生素质畸形发展，重视了知识，忽视了素质。"素质教育"应是广义上的"文化教育"，即"智慧教育"。"智慧"教育不等于"知识"教育，单纯的应试教育是违背人的成长规律和教育本质的。

1.10 子禽问于子贡曰："夫子至于是邦也，必闻其政，求之与，抑与之与？"子贡曰："夫子温、良、恭、俭、让以得之。 夫子之求之也，其诸异乎人之求之与！"

【译文】子禽向子贡问道："他老人家一到哪个国家，必然听得到那个国家的政事，是打听来的呢，还是别人主动告诉他的呢？"子贡回答："他老人家温和、善良、严肃、节俭、谦逊，是用这样的态度取得的。 他老人家的这种方法，大概和别人获得的方法不相同吧！"

【品读】这是子贡赞美老师"温、良、恭、俭、让"的和善态度，正是这样，孔子才赢得别人的信任和敬仰。所以，孔子每到一处，人们都能对他畅所欲言，当然他就能了解到地方上的许多政事情况。和善的态度不仅能得到民众的信任，还能得到广泛的意见和建议，以监察自己的政务行为，提升自己的从政水平。孔子用实际行为，给后人提供了学习的典范。

1.14 子曰："君子食无求饱，居无求安，敏于事而慎于言，就有道而正焉，可谓好学也已。"

【译文】孔子说："君子饮食不要求满足，居住不要求舒适，对工作勤劳敏捷，说话却谨慎，到有道德的人那里去端正自己，这样，可以说是好学了。"

【品读】孔子在这里是告诉人们，要"学好"，做"君子"

必须做好几件事，即食无饱、居无安、敏于事、慎于言。也有批评奢侈豪华、光说不做、懒惰涣散的生活和学习态度之意。因此，最好让这些人到品德高尚的人那里去学习，用榜样的力量纠正自己的错误行为。

1.15　子贡曰："贫而无谄，富而无骄，何如？"
子曰："可也。未若贫而乐，富而好礼者也。"

【译文】子贡问："贫穷却不巴结奉承，有钱却不骄傲自大，怎么样？"孔子说："可以了。但还不及虽贫穷却乐于道，纵有钱却谦虚好礼哩。"

【品读】因为贫穷的人往往向往富有而对富人谄媚；富人往往财大气粗容易显示自己的娇贵，所以子贡认为能做到"贫而无谄，富而无骄"就很好了。孔子却认为不如"贫而乐道，富而好礼"。听起来孔子的标准更高些，他告诫人们要贫而不自卑，勇于进取；富而节俭，遵礼而行。其实，人们能做到子贡的要求也很不容易了。

1.16　子曰："不患人之不己知，患不知人也。"

【译文】孔子说："不忧虑别人不了解我，却忧虑我不了解别人。"

【品读】这是孔子主张内省自修的又一说法，是说用别人做镜子来比照自己，才能求得进步。这一点很重要，因为知己比知人更难，所以才忧虑"不知人"而不能与自己作比照。现在很多人是患人不知己，不患己不知人。常常表现出张扬与自我表扬的情态，生怕别人不知自己也有两下子。

其实，人与人在社会活动中的交往都应做到知人知己，因为人都有多重性、迁移性、隐蔽性，所以，知人知己都很难。重在了解自己和别人的同与不同，这样才能互相学习，取长补短，和睦共进。

2.2　子曰："《诗》三百，一言以蔽之，曰：'思无邪。'"

【译文】孔子说："《诗经》三百篇，用一句话来概括它，就是'作者的思想完全是纯正的。'"

【品读】《诗经》是孔子编辑的，一共三百零五篇，都是民间采集的作品，作者的思想都纯正质朴。孔子是要人们读一读《诗经》，清除自己思想里的私欲邪念。做文者应无功利之心，"文到无心始见奇"嘛，这才是孔子的"思无邪"。

2.4　子曰："吾十有五而志于学，三十而立，四十而不惑，五十而知天命，六十而耳顺，七十而从心所欲，不逾矩。"

【译文】孔子说："我十五岁有志于学问；三十岁说话做事

都有把握了;四十岁不会被迷惑了;五十岁懂得天命;六十岁,一听别人的言语,便可以分辨真假、判明是非;到了七十岁,便随心所欲,任何念头都不越出规矩。"

【品读】孔子依年龄把人一生修行品德的过程分为六个阶段。十五、三十、四十、五十、六十、七十,不是绝对数字,是大概的意思,其实是分阶段提出修行目标。虽然各人的性情不同,但用这样的分段目标监察自己、调整自己,使自己的品德不断升华,达到从心所欲、不逾矩。这个过程是漫长的、艰苦的,我们该用毕生精力去修养精进。

2.14 子曰:"君子周而不比,小人比而不周。"

【译文】孔子说:"君子团结,却不勾结;小人勾结,却不团结。"

【品读】孔子用"君子"与"小人"的称谓,对"周而不比"与"比而不周"的人提出褒贬,是倡导人们做胸襟宽阔、坦荡无私、精诚团结的人。

2.18 子张学干禄。子曰:"多闻阙疑,慎言其余,则寡尤;多见阙殆,慎行其余,则寡悔。言寡尤,行寡悔,禄在其中矣。"

【译文】子张向孔子学求官取得俸禄的方法。孔子说:"多听，有怀疑的地方，加以保留。其余有把握的问题，谨慎地说出，就能减少错误；多看，有怀疑的地方，加以保留。其余有把握的事情，谨慎地实行，就能减少懊悔。言语的错误少，行动的错误少，官职俸禄就在这里面了。"

【品读】自古求取官职俸禄的办法很多，简单分为正道、邪道。孔子主张走正道，即多听多看，谨言慎行，少说错话，少做错事，以此获得上级领导的好感与信任，这样就能得到官职。其实这也是孔子对官员处理政务时的要求，当领导的不能主观臆断，在决断前应做大量的调查研究，听得进不同或相反的意见，有疑虑的问题，多想一想，经过缜密思考，作出正确的判断，而后再郑重提出自己的意见。这样，才会不犯或少犯错误。

2.24　子曰："非其鬼而祭之，谄也。见义不为，无勇也。"

【译文】孔子说："不是我所应该祭祀的鬼神，却去祭祀他，这是献媚。眼见应该挺身而出的事情，却袖手旁观，这是怯懦。"

【品读】孔子批评那些该做的事不做，却去做不该做的事的现象。不只是指祭祀鬼神和见义勇为两件事，也不只是批评谄媚和无勇两种表现。实际主张的还是该说的说，不该说的不说，该做的做，不该做的不做。这就是谨言慎行。

3.1　孔子谓季氏："八佾舞于庭，是可忍也，孰不可忍也？"

【译文】孔子谈到季氏，说："他用六十四人在庭院中奏乐舞蹈，以大夫越级用天子的礼乐，这样的事都能做出来，那还有什么事不可以做出来呢？"

【品读】孔子借谴责季氏超越等级名分的行为，重申"克己复礼"的思想，表示对礼崩乐坏的社会局面的担忧和对季氏的愤恨。领导依等级、守名分没有错，但过分强调等级名分，也会造成不平等的心理，使人性压抑，缺乏灵性活力。

3.4　林放问礼之本。子曰："大哉问！礼，与其奢也，宁俭；丧，与其易也，宁戚。"

【译文】林放问礼的本质。孔子说："你问的题目真大！就一般的礼仪来说，与其奢侈铺张，宁可朴素俭约；就丧礼来说，与其仪文周到，宁可过度悲哀。"

【品读】孔子主张社会、国家与个人都要"立于礼"，所以在回答林放"礼之本"的问题时，首先说："你提的问题太大了呀！真不好说清楚。"就一般生活中的礼仪而言，孔子主张从简而不奢侈、依礼而不苛求，能真心诚意就好。如祭祀、丧葬是当时社会的重要活动，孔子主张祭神不要奢侈铺张，宁可节俭，丧葬要真情悲哀，不一定硬讲究礼仪周全。礼仪是祭祀、敬神、为政的礼节要求，凡事不能没规矩，一切事情将应该依礼而行，但礼节不能太僵太死，还要合义，即合情、合理、合适，这才是"礼"的本质。

3.7 子曰："君子无所争。必也，射乎！揖让而升，下而饮。其争也君子。"

【译文】孔子说："君子没有什么可争的事情。如果有所争，一定是比箭吧！相互作揖而后登堂，（射完箭）走下堂来，而后作揖喝酒。这就是君子之争。"

【品读】孔子本意不是说品德高尚的人不和人争。在社会活动中竞争是不可避免的，但要争而有礼，争而有益，万不可耍小聪明，弄虚作假，甚至做出伤害对方的事来。

3.12 祭如在，祭神如神在。子曰："吾不与祭，如不祭。"

【译文】孔子祭祀祖先的时候，便好像祖先真在那里；祭祀神的时候，便好像神真在那里。孔子又说："我若是不能参加祭祀，是不能让别人代替的。"

【品读】孔子本主张"敬鬼神而远之"，为什么在祭鬼神时又这样真诚呢？其实是告诉人们做事做人要心诚笃实，躬行实践，不可虚伪敷衍，心存异议。

4.7 子曰:"人之过也,各于其党。观过,斯知仁矣。"

【译文】孔子说:"人们的错误,总是分成各种类型的。仔细观察他们的过错,就知道这个人有没有仁爱之心。"

【品读】孔子强调观其过失、识其本质是一种识别人的较好途径。观过失比观功劳更能了解一个人品德的优劣。人都有过错,并且各不一样,分很多类型,是初犯、屡犯、有意、无意,还是无知善意、明知恶意等。不论什么过错都要考察其行为动机和表现形式,经审慎分析,就能弄清这个人是否有慈心仁爱。这也告诉人们,任何作为都要从仁爱之心出发。但也不要自以为是善意,就轻举妄动,结果适得其反,更不要以为善意的错就可以原谅自己。认真学习,改过自新,才是个真正有仁德之心的人。

4.10 子曰:"君子之于天下也,无适也,无莫也,义之与比。"

【译文】孔子说:"君子对于天下的事情,没有一定要这样干,一定不要那样干的,怎样干合理、恰当,便怎样干。"

【品读】做任何事情,只要人没有私欲,就不会独裁专断、固执己见;人没有偏见,就不会盲目自信,做出错误判断。所以,有仁德的人不会恣意武断,一定会广泛征求意见,周密思考，找出一个利大于弊的行之有效的适合办法，还要在行动中适时变通。

4.17 子曰："见贤思齐焉，见不贤而内自省也。"

【译文】孔子说："看见贤人，便应该向他看齐；看见不贤的人，便应该反省自己有没有同他一样的毛病。"

【品读】孔子主张学习别人的优点，并用别人的缺点反省自己、检点行为，以达到修养自己品德的目的。这里的"思"和"省"，不是要拿人与人之间的差异相比，因为人的性格、潜质是天生的；"见贤"和"见不贤"只限于人的品德行为，因为人的品德行为是后天教育的结果；"见"是指通过比较鉴别得到见识，所以说没比较就没有"见"识，因此，"比"就成为人们常有的思维活动。笔者要提醒大家的是，与时间和空间上离自己较远的人比是可以说出口的明比，与身边的人比只能是说不出口的暗比，否则会影响团结。比的目的只是为了在品德行为上"见贤思齐"，万不可见钱思齐、见官思齐，否则一味攀比会惹出许多麻烦和不良情绪。现实中有些人，看到别人不好，才会感到自己幸福。

5.10 宰予昼寝。子曰："朽木不可雕也，粪土之墙不可杇也；于予与何诛？"子曰："始吾于人也，听其言而信其行；今吾于人也，听其言而观其行。于予与改是。"

【译文】宰予白天睡觉。孔子说:"腐烂了的木头雕刻不得,粪土做的墙壁粉刷不得;对于宰予么,不值得责备呀!"又说:"最初,我听到别人的话,便相信他的行为;今天,我听到别人的话,还要考察他的行为。从宰予的事以后,我改变了态度。"

【品读】孔子发现宰予白天睡觉,就说他是"朽木"、"粪土",确实有些过分,甚至是借故责难。在《阳货篇》中有段孔子与弟子宰予关于为父母守孝是三年还是一年的激烈争论,当时孔子骂宰予"予之不仁也"。所以后人都认为宰予是孔子最不喜欢的弟子。宰予是孔门弟子中能言善辩的人,如果真是"朽木"、"粪土"不可造就,能和老师据理力争吗?后面这句话是孔子因宰予的表现而发的感慨:不能轻信人的言语,还要考察他的行为。孔子批评宰予的表现,重在阐述言行一致的道理。而在现实生活中,不仅要求言行一致,我们还应通过对行为效果的分析全面地看一个人的言、行、心三者是否一致,以防虚伪作假。如果一个人懒惰到无所事事,经常白天睡大觉,那可真是"朽木"、"粪土"了。

5.11 子曰:"吾未见刚者。"或对曰:"申枨。"子曰:"枨也欲,焉得刚?"

【译文】孔子说:"我不曾见过刚毅不屈的人。"有人答道:"申枨是这样的人。"孔子说:"申枨呀,他欲望太多,哪里能够刚毅不屈?"

【品读】孔子说他从未看到过刚毅的人，又有谁见过呢？他说申枨这个人欲望太多，怎么能够刚毅不屈？那么人真能做到"无欲则刚"吗？人又真能无欲吗？显然，人是不会没有任何欲望的，那样的话，也就没有刚毅的人了，"士不可以不弘毅，任重而道远"又该怎么解释？往往刚毅的人都有坚强的信念，而且矢志不移。心无主见、软弱无能、随波逐流的人哪还有什么刚毅可言。这里孔子只是批评心存私欲而软弱怯懦的人太多了，多得连他孔圣人都没有见到"刚毅不屈"的人。

5.12 子贡曰："我不欲人之加诸我也，吾亦欲无加诸人。"子曰："赐也，非尔所及也。"

【译文】子贡说："我不想别人强加于我，我也不想强加于别人。"孔子说："赐，这不是你所能做到的。"

【品读】子贡的想法是否是人格独立之自由精神，不敢臆断，但肯定是尊重自己，也尊重别人的做法。这在当时是很难做到的。所以，孔子告诉他：这不是你所能做到的。试想，君王的意志，你能不接受吗？要求君王不把自己的意志强加于他人或国民，你觉得可能吗？即使在今天，坚持真理矢志不渝都不是件容易做到的事，当你处于无权无势的懦弱地位时，很可能连尊重自己（"不欲人之加诸我也"）都很难做到。

5.20 季文子三思而后行。子闻之，曰："再，斯可矣。"

【译文】季文子每件事都考虑再三才去行动。孔子听到了，说："想两次也就可以了。"

【品读】"三思而行"或"再"都是指凡事要慎重思考，不得鲁莽行事。至于三思和二思，可以说有的事情应周密思考，有的事不必多虑，想清楚利害得失就行了。思虑过度，变成焦虑，反会使人犹豫不决，贻误时机，甚至会因焦虑而伤害身体。

6.11 子曰："贤哉，回也！一箪食，一瓢饮，在陋巷，人不堪其忧，回也不改其乐。贤哉，回也！"

【译文】孔子说："颜回多么有贤德呀！一竹筐饭，一瓜瓢水，住在小巷子里，别人都受不了那贫穷生活所带来的忧愁，颜回却不改变他守道的快乐。颜回多么有贤德呀。"

【品读】孔子在一句话里重复说"贤哉，回也"，本意是倡导安贫乐道的精神。他把颜回树立为榜样，要人们学习，实际上也是在批评有的人害怕贫穷，耐不住寂寞而不能坚守道德操守。的确，艰辛与贫困是对一个人的道德操守的绝对考验和挑战，感官快乐的满足对人的诱惑太大。所以，孔子非常感慨地说"贤哉，回也"，而且这样的赞叹只给了颜回一人。其实，孔子就是偏心眼，颜回从不多嘴多舌与他辩论，只知一味地顺从"乐道"，他就说"贤哉，回也"，而对子路、子贡、宰予的好问多辩显得很不耐烦，甚至骂宰予是"朽木"、"粪土"等。孔子多次把"贫"与"道"联系起来，似乎只有贫困才能乐道，富有就会放弃道德仁义。所以，自古文人多安于清贫，耻于致富赚钱。其实，真正守"道"的人是十分有满足（富有）感的。孔子说安贫乐道是指人不要受物质财富的诱惑而放弃"道"的修行。君子爱财取之有道也是好样的。

6.13 子谓子夏曰："女为君子儒，无为小人儒！"

【译文】孔子对子夏说："你要去做个君子式的读书人，不要去做那小人式的读书人！"

【品读】这句话是对子夏的勉励还是告诫不要去追究。孔子指出两种相对的学习态度。所谓"君子儒"就是笃实勤学、学以致用的读书人；"小人儒"就是虚伪假学炫耀自己的读书人。孔子倡导读书人一定要做"君子儒"，不做"小人儒"。其实"小人儒"也不可怕，读书多了，懂得的道理深了，"小人儒"也会醒悟的，或许慢慢会变成"君子儒"。总的来说，读书比不读书好。这句话里的"小人"一定不会指地位低下的贫穷劳力者，因为当时劳力者是不识字的，不可能读书。

6.18 子曰："质胜文则野，文胜质则史。文质彬彬，然后君子。"

【译文】孔子说："朴实多于文采，就未免粗野；文采多于朴实，又未免虚浮。文采和朴实，配合适当，这才是个君子。"

【品读】孔子主张内外兼修，内修本质朴实，外修仪表文雅。缺失仪表文雅显得粗野，缺失本质朴实显得浮夸。只有内在朴实，外表文雅匹配适当，才能修养成文质彬彬的君子。

7.3 子曰："德之不修，学之不讲，闻义不能徙，不善不能改，是吾忧也。"

【译文】孔子说："品德没有培养；学问没有讲习；听到义在那里，却不能以身赴之；自己有缺点，却不能立即改正，这些都是我的忧虑啊！"

【品读】这四点是孔子对自己学生提出的修身养学、觉悟自律的要求。孔子说这四点"是吾忧也"是很有艺术性的批评，他既没有严厉地批评，也没有过分地斥责，只是用自己的担忧来提醒学生注意，这样效果会更好。

7.16 子曰："饭疏食，饮水，曲肱而枕之，乐亦在其中矣。不义而富且贵，于我如浮云。"

【译文】孔子说："吃粗粮，喝冷水，弯着胳膊做枕头，也有着乐趣。干不正当的事而得来的富贵，在我看来好像浮云一般。"

【品读】贫贱与富贵不是幸福快乐的标准，只有自己心愿向往，才能得到真正的快乐。而在现实生活中，许多人把追求财富和尊贵当作目标，甚至为此不择手段。可往往是"终生只恨聚无多，积到多时眼闭了"。所以，孔子视不义之富贵如浮云。其实，即使是正道获得的富贵也是浮云，身外之物任由它去。况且越是富贵，烦恼越多，"大有大的难处"嘛。那么贫贱就快乐吗？这也不是孔子的本意。他虽说贫困也有乐，但他本意是说宁可安守贫穷也不要不义之财、不义之贵。人并非不要富贵，而是要取之有道，毕竟贫穷会给人带来许多无奈，人穷很容易志短。

7.29 互乡难与言。童子见，门人惑。子曰："与其进也，不与其退也，唯何甚？人洁己以进，与其洁也，不保其往也。"

【译文】互乡这地方的人难于交谈。一个童子却得到孔子的接见，弟子们有些疑惑。孔子说："我们赞成他的进步，不赞成他的退步，何必做得太过分？别人把自己弄得干干净净而来，便应赞扬他干净的一面，不要追究他那过去不干净的一面。"

【品读】这是孔子宽厚善待别人的一个事例。难以用语言沟通的人也要与其交流，不回避；即使小孩子，只要他想进步也要给予教诲；无论他过去怎样，只要现在洁身自好，就不计较过去而赞扬他的干净。这也是他老人家以身作则，专心弘道的做法。

7.35 子疾病，子路请祷。子曰："有诸？"子路对曰："有之。诔曰：'祷尔于上下神祇。'"子曰："丘之祷久矣。"

【译文】孔子患了重病，子路请求祈祷。孔子说："有这种事吗？"子路答道："有的，诔文说过：'替你向天神地祇祈祷。'"孔子说："这样，我早就祈祷过了。"

【品读】孔子虽然敬鬼神而远之，也重视祭祀祈祷，但祈祷对于疾病，就可信可不信了。即使祈祷也要自己亲自去做。所以，当子路请求替老师祈祷时，孔子说："我早就祈祷过了。"其实，孔子是不相信祈祷能治病救命。

7.36　子曰："奢则不孙，俭则固。与其不孙也，宁固。"

【译文】孔子说："奢侈豪华就显得骄傲，省俭朴素就显得寒碜。与其骄傲，宁可寒碜。"

【品读】孔子认为奢侈骄逸和吝啬寒碜都不好。奢侈骄逸比吝啬寒碜更糟，奢侈会造成不必要的浪费或对地球环境的损害；骄逸会遭人嫉恨甚至暗算。奢侈骄逸的生活会把人变得懒惰，不求进步，甚至骄横跋扈，一旦家道败落，就往往一蹶不振。所以孔子主张富要节俭，穷不寒碜。

7.38　子温而厉，威而不猛，恭而安。

【译文】孔子温和而严厉，有威仪而不凶猛，庄严而安静。

【品读】这是弟子们对孔子待人态度的总结和描述。作为圣贤（或领导或大人）是不能嬉皮笑脸的，这会失去圣贤的尊严；也不能凶猛吓人，这会让人感到惶恐；更不能虚伪恭敬得让人感到忧心忡忡。一般人能做到朴实庄重就行了，当然，我们也不能苛求圣贤们总是保持矜持而威严的表情，那样可能会让人的神情变得僵硬呆板，甚至觉得是"假面皮"。心境决定表情，心诚自然就有好的表情。

8.11 子曰："如有周公之才之美，使骄且吝，其余不足观也已。"

【译文】孔子说："假如有这样一个人，他才能的美好真比得上周公，但是，只要他骄傲而吝啬，纵使别的部分再好，也是不足称道的了。"

【品读】周公的人品才智孔子十分敬佩，认为是至高的。纵使有人有像周公一样的才智，也不能骄傲吝啬。何况现在又没有可以和周公比肩的人，怎么能骄傲呢！但是，当时的诸侯王卿大夫大多专权骄横，既富且吝。所以，孔子用周公作比，批评当时的诸侯王卿大夫。这句话也是阐明自己的主张：尊贵而不傲慢，要恭敬待人；富有而不吝啬，要施舍穷人。

9.5 子畏于匡，曰："文王既没，文不在兹乎？天之将丧斯文也，后死者不得与于斯文也；天之未丧斯文也，匡人其如予何？"

【译文】孔子在匡地被拘禁，他说："周文王死后，一切文化遗产不都在我这里吗？ 天若要消灭这种文化，那我也不会担负这种传统文化了；天若不消灭这种文化，那匡人能把我怎么样呢？"

【品读】匡人拘禁孔子及其弟子是一场误会。孔子处惊不惧很值得称道，自信担当大任者天是不会灭之的。这样做也是一种无奈之下的明智选择。好在匡人后来解除了对他的误会。

9.6　太宰问于子贡曰："夫子圣者与？何其多能也？"子贡曰："固天纵之将圣，又多能也。"

子闻之，曰："太宰知我乎！ 吾少也贱，故多能鄙事。君子多乎哉？不多也。"

【译文】太宰向子贡问道："孔老先生是位圣人吗？为什么这样多才多艺呢？"子贡说："这本是上天让他成为圣人的，而且使他多才多艺。"

孔子听到了，便说："太宰怎么会了解我呀！我小时候穷苦，所以学会了许多不值得称道的技艺。 真正的君子会有这样多的技巧在身吗？是不会的。"

【品读】这次孔子与弟子的对话讨论中，子路说：孔圣人是上天成就的，并成就了他的多才多艺。孔子只回答说"吾少也贱"，为了谋生多学了一些不足称道的才艺、技能，真正的君子是没有这么多才艺技能的。孔子没有说"圣者"是不是上天赐给的，说明他自己承认有天生的成分，只是重点强调后天的努力，但君子学不学才艺技能，孔子不以为然。其实，人都有天赋，但没有天才，重要的是后天努力，发掘天赋，学有专长。

9.14 子欲居九夷。或曰："陋，如之何？"子曰："君子居之，何陋之有？"

【译文】孔子想搬到九夷去住。有人说："那地方非常简陋，怎么好住？"孔子说："君子去住，就不简陋了。"

【品读】建议大家读一读唐代刘禹锡的《陋室铭》，帮助你正确理解孔子这句话。地方的偏僻、房屋的简陋并不是真正的"陋"，关键是居住在那里的人是否是有仁德、有文化的"君子"。所以，人们选择居住的地方，不能只向往繁华都市，选择适宜自己的生活、工作、学习的地方就可以了。心不闭塞，人就通达四方；人有文化，室就富丽堂皇。尤其现在是信息社会，一室天下通，何陋之有！

9.16 子曰："出则事公卿，入则事父兄，丧事不敢不勉，不为酒困，何有于我哉？"

【译文】孔子说："出外便服侍公卿，在家便服侍父兄，有丧事不敢不尽礼，不被酒所困扰，这些事我做到是不难的。"

【品读】这四件事现在看来似乎是平凡小事，但其实在当时是大事。在外服侍公卿是工作；在家服侍父兄是孝悌；丧事不懈怠是敬鬼神；不被酒困是检点行为。孔子是说把这些事都做好了，其他也就没有什么困难了。这是告诉人们务必把该干的事干好，哪怕是极平凡的平常事也不能麻痹大意。

9.17 子在川上，曰："逝者如斯夫！不舍昼夜。"

【译文】孔子在河边，叹道："消逝的时光就像这流水一样呀！日夜不停地流去。"

【品读】孔子感叹水流不息，给人们许多启示。一是名利淡定，世界上最厉害的不过于时间，没有什么力量能将它留住；二是时不我待，生命有限，珍惜时光，不得浪费，时间是不会倒流的；三是流水像人生，心动不息，前进不止。

9.23 子曰："后生可畏，焉知来者之不如今也？四十、五十而无闻焉，斯亦不足畏也已。"

【译文】孔子说："年少的人是可以敬畏的，怎么能断定他的未来不如现在的人呢？到了四十、五十岁还没什么名望，也就不值得敬畏了。"

【品读】"后生可畏"是说年轻人的能力和前途不可限量。这句话是告诫当下年长的人要重视少年，万不可以因自己丰富的经验和成就而轻视年轻一代。按一般规律，人到了四五十岁还没有出息，那一辈子也就这样了，对他们"不足畏"。但起码的人格尊重还是应该有的。

9.24 子曰："法语之言，能无从乎？改之为贵。巽与之言，能无说乎？绎之为贵。说而不绎，从而不改，吾末如之何也已矣。"

【译文】孔子说："严肃而正确的批评能够不接受吗？认真改正错误才是可贵的。顺从自己意思的话，听了能不高兴吗？但要分析一下话里的真正意思才可贵。顺耳高兴，不加分析，表面接受，实际不改，这种人我是没办法对付了。"

【品读】听别人的批评意见，不要注重词语是严厉还是耳顺，重要的是认真分析话里的真正含义，真心诚意地改正错误，这是很可贵的品质。对于那些虚情假意、阳奉阴违的人就不要理睬了。事实上，多数人不接受严正批评，尤其是当着别人的面被严厉指责，往往会死不认错，更不想改正，甚至由此结怨。所以还是委婉地劝诫，不听就算了。

9.27 子曰："衣敝缊袍，与衣狐貉者立，而不耻者，其由也与？'不忮不求，何用不臧？'"子路终身诵之。子曰："是道也，何足以臧？"

【译文】孔子说："穿着破烂的袍子和穿着狐貉皮衣的人站在一起，却不觉得惭愧，恐怕只有子路一个人吧！《诗经》上说：'不嫉妒不贪求，为什么会不好呢？'"子路听了便老念着这两句诗。孔子说："这是做人的道理，但仅仅这样，怎么能够好得起来？"

【品读】大多数穿着破烂和穿着华丽的人站在一起是会觉得羞愧的，所以才说"……而不耻者，其由也与"。"不忮不求，何用不臧"的话只是自我安慰，因此孔子说子路不能总念着这句诗。人的耻与不耻，不能只谈贫寒与富贵，也应谈及知识的丰富与缺乏以及人格的优劣。但如若徒有知识而仍受贫寒的煎熬也是可耻的。

9.28 子曰："岁寒，然后知松柏之后凋也。"

【译文】孔子说："天气寒冷了，才知道松柏是最后凋零的。"

【品读】这句话用天寒比对松柏青翠的自然现象，喻示人的品格经历风雨沧桑才能显出其高贵与卑微。荀子说："岁不寒无以知松柏，事不难无以知君子。"孔子这句话的本意是要人们不畏艰难困苦，保持高尚的仁德操守，像松柏一样长青。

10.2 朝，与下大夫言，侃侃如也；与上大夫言，訚訚如也。君在，踧踖如也，与与如也。

【译文】孔子上朝的时候，与下大夫说话，温和而快乐；同上大夫说话，正直而恭敬。君王已经来了，是恭敬而心中不安的样子，行步安详的样子。

【品读】孔子在待人接物、言谈举止方面十分讲究礼仪，从事政务活动更是严格要求自己遵循礼仪从不马虎。不仅容貌表情，而且在行、做、站等行为动作方面也十分仔细，如行不踩门槛、站不在门中间、上堂时提起衣服下摆、下完台阶就快步走等。孔子这样做不是做作，而是他主张恭敬、谨慎的实践，可以赢得人们的好感、信任与敬重。如若人人都像孔子一样谦恭，那还有什么"小人"和乱臣贼子。孔子这样做也算言传身教吧。

11.10　颜渊死，子哭之恸。　从者曰："子恸矣！"曰："有恸乎？　非夫人之为恸而谁为？"

【译文】颜渊死，孔子哭得十分悲伤。跟着他的人说："您太悲伤了！"孔子说："真的太悲哀了吗？　我不为这样的人悲哀，还为什么样的人悲哀呢？"

【品读】恸，是哀过的意思。能让孔子恸哭的人，那一定是个了不得的人，可见颜渊在孔子心里的位置有多么重要。颜渊不仅是孔子最得意的学生，被树为榜样，而且被孔子视如己出，倍加爱护。颜渊英年去世，孔子恸哭是可以理解的。孔子这一恸哭，千百年来感动了多少学子，也留下了"一日为师，终身为父"的名言。

11.11 颜渊死，门人欲厚葬之。子曰："不可。"

门人厚葬之。子曰："回也视予犹父也，予不得视犹子也。非我也，夫二三子也。"

【译文】颜渊死了，孔子的学生想要很丰厚地埋葬他，孔子说："这样做不得。"

学生们仍然很丰厚地埋葬了他。孔子说："颜回呀！你看待我好像看待父亲一般，我却不能够像对待儿子一般地看待你呀。这种违背规矩的埋葬，不是我的主意呀，是你那班同学干的呀。"

【品读】颜回是孔子最得意的弟子之一，俗称"仁圣"。颜回死了，同学们不听孔子的劝阻，厚葬了颜回。颜回家贫，不该厚葬，虽然孔子和颜回亲如父子，但是他还是主张遵礼习俗。同学之间感情深切，可以捐赠给他的家人以示尊敬和怀念，何必铺张浪费。所以，孔子责备那些主张厚葬的学生。

11.12 季路问事鬼神。子曰："未能事人，焉能事鬼？"曰："敢问死。"曰："未知生，焉知死？"

【译文】子路问服侍鬼神的方法。孔子说："活人还不能服侍，怎么能去服侍死人？"

子路又说："我大胆地请问死是怎么回事。"孔子说："生的道理还没有弄明白，怎么能够懂得死？"

【品读】这句话听起来好像孔子回答得很不耐烦,"未能事人,焉能事鬼?"子路不知趣,紧接着又问死是怎么回事,孔子很不高兴地回答"未知生,焉知死?"这是孔子在直言不讳地训诫子路:你把能做的事做好就行了,问那么多干什么!同时,这段师生的对话也说明孔子重视"人"、"生"的事,不予理睬"死"后的"鬼"。孔子认为"人"、"生"和"死"、"鬼"都是渺茫深奥的大问题,人能做好该做能做的事便可以了,没必要弄清人是从何处来,又到何处去的哲学问题。

11.17 季氏富于周天子的宰相周公,而求也为之聚敛而附益之。 子曰:"非吾徒也,小子鸣鼓而攻之,可也。"

【译文】季氏比周天子的宰相周公还有钱,冉求却又替他搜刮、聚敛更多的财富。 孔子说:"这冉求不再是我的学生了,你们(学生)可以大张旗鼓地来攻击他。"

【品读】孔子坚守信念,爱憎分明。他因憎恨季氏的超级富有才严厉批评冉求嫌贫爱富、助富不仁的可耻行径,并宣布冉求不再是他的弟子,号召学生们群起而攻之。表示了自己与不仁不义之人的决裂。

12.5 司马牛忧曰:"人皆有兄弟,我独亡。"子夏曰:"商闻之矣:死生有命,富贵在天。 君子敬而无失,与人恭而有礼。 四海之内,皆兄弟也。 君子何患乎无兄弟也?"

【译文】司马牛忧愁地说："别人都有好兄弟，单单我没有。"子夏说："我听说过：死生听之命运，富贵由天安排。君子对待工作严肃认真，不出差错，对待别人辞色恭谨，合乎礼节。那么，天下之大，到处都是好兄弟。君子又何必着急没有好兄弟呢？"

【品读】孔子是主张"天命"观的，所谓"天命"，即高深莫测谓之天，无可奈何谓之命。人不能违背天命，要顺应时势；但也不要无所作为，听任天命。尽人意，听天命就好。即使结交朋友兄弟，也不要刻意为有朋友而去交朋友。只要你自己对人庄重、恭谨、真心、诚意，就不必发愁没有兄弟朋友。"德不孤，必有邻"，天下的人都会是你的朋友。

12.16 子曰："君子成人之美，不成人之恶。小人反是。"

【译文】孔子说："君子帮助别人成全好事，不帮助别人成全坏事。小人却和这相反。"

【品读】孔子认为帮助别人成就美好的事情，不帮助别人干坏事，这就是一个有仁德品行的人。但是他没有具体论述什么样的人是缺德小人，只是说"小人反是"。就是说"小人"生怕别人办成好事，怀着嫉贤妒能的心态，想方设法阻挠破坏，或者推波助澜，埋设陷阱，促成坏事。其实，孔子是通过对君子、小人的议论，倡导人们形成成人之美、不成人之恶的良好风尚。

12.21 樊迟从游于舞雩之下，曰："敢问崇德，修慝，辨惑。"子曰："善哉问！先事后得，非崇德与？攻其恶，勿攻人之恶，非修慝与？一朝之忿，忘其身，以及其亲，非惑与？"

【译文】樊迟陪着孔子在舞雩台下游逛，说道："请问怎样去提高自己的品德，修正错误，明辨是非？"孔子说："问得好！首先付出劳动，然后再去收获，不是提高品德的方法吗？批评自己的错误，不去批评别人的错误，不是消除无形的怨恨的方法吗？因为一时的愤怒，便忘记自己的安危，甚至也牵连了亲人，不是糊涂吗？"

【品读】"崇德"、"修慝"、"辨惑"是一个人修身养性的主要内容，也是方法。努力做好自己该做的事，不做损害别人的事，而又不计较报酬得失，久而久之养成习惯，才能真正提升自己的品德，得到人们的信任和赞许；毫不掩饰自己的缺点错误，勇于承担责任，以求改正。即使是别人的错误，也要耐心等他自省，不要着急去批评，更不能诿过于人，推卸责任。平时要养成人前说真话，背后说好话的良好习惯，这样就不会招致怨恨，而能同别人长久地和睦相处；若一时愤恨激怒，失去理智，不顾一切地去发泄，只会害人害己。所以，性格暴躁的人要"遇事冷静慢半拍，激情涌动缓表白，再思明辨是与非，妥善处理不留害"。

13.22 子曰："南人有言曰：'人而无恒，不可以作巫医。'善夫！"

"不恒其德，或承之羞。"子曰："不占而已矣。"

【译文】孔子说："南方人有句话说：'人假若没有恒心，连巫医都做不了。'这句话很好呀！"

（《易经·恒卦》的爻辞说：）"三心二意，翻云覆雨，总可能招致羞耻。"孔子又说："这话的意思是叫无恒心的人不必去占卦罢了（因为他只能有凶，不能有吉）。"

【品读】孔子强调人一定要有恒心常德，要立长志，不要常立志，否则什么事也办不成。人而无恒，连巫医也做不了，还能做好中医吗？人无恒德，反复无常，能不招致羞辱吗？人无恒心，朝三暮四，三心二意，占卜又有何用？这也是对那些胸无大志、不知羞耻、无所作为的人的严厉批评。

13.23 子曰："君子和而不同，小人同而不和。"

【译文】孔子说："君子讲和谐，但不盲目附和；小人盲目附和，但不讲和谐。"

【品读】这句话单从字面理解应该是君子能与不同的人和睦相处，与不同的意见协调共存；小人不能与不同的人和睦相处，为不同的意见争论不休。世界上没有禀赋、性格、情趣、志向等方面完全相同的人，也没有完全相同的意见。人类社会中人不能独立生存，很多事情需要人们团结互助、共同努力才能完成，所以，要求人人必须能求同存异，与不同的人和睦相处。孔子称赞那些和而不同、包容不同意见的人，指责那些说三道四、争吵不休、不能与别人和睦相处的人。其实人都要做到和而不同，否则很难活出幸福来。

13.25 子曰："君子易事而难说也。说之不以道，不说也；及其使人也，器之。小人难事而易说也。说之虽不以道，说也；及其使人也，求备焉。"

【译文】孔子说："在君子底下工作很容易，博得他的欢喜却难。用不正当的方式去博得他的欢喜，他是不会欢喜的。而等到他使用人的时候，却要衡量各人的才德去分配任务。在小人底下工作很难，博得他的欢喜却容易。用不正当的方式去博得他的欢喜，他是会欢喜的。而等到他使用人的时候，便会百般挑剔，求全责备。"

【品读】孔子不仅是评论君子与小人，也是在阐述两种不同的领导作风，说明处于当时社会上层的公卿士大夫不乏道德败坏或作风不良的人。如若这两种领导作风只匹配"君子"和"小人"，那么在社会上，还有一些优点突出、缺点明显的领导；道貌岸然、一肚坏水的领导；更有各种性格情趣等不同而致作风不同的领导。碰到这些领导该怎么办？所以，孔子描述的只是两种相反的领导作风，不是说"君子"怎么样，"小人"怎么样，而是旨在树立榜样，对照自比，扬长避短，提高修养，自然养成优良的领导作风，这样，社会风气才能好起来。社会风气的好坏，根源于领导作风的优劣。

13.26 子曰："君子泰而不骄，小人骄而不泰。"

【译文】孔子说："君子安详舒泰，却不骄傲凌人；小人骄傲凌人，却不安详舒泰。"

【品读】孔子在"君子"与"小人"的定义中，多以道德品质、言行修养作为标准加以区别，一般不包括下人（劳力者）、女人。这句话是说有仁德品行的人纵然有地位、有成绩也不骄不躁，对人安泰祥和；道德品行缺失的人，稍有地位、成绩就把尾巴翘到天上，骄横自大，目中无人，他们最终一定会身败名裂。

13.28 子路问曰："何如斯可谓之士矣？"子曰："切切偲偲，怡怡如也，可谓士矣。朋友切切偲偲，兄弟怡怡。"

【译文】子路问道："怎么样才可以叫作'士'了呢？"孔子说："互相批评，和睦共处，可以叫作'士'了。朋友之间，互相批评；兄弟之间，和睦共处。"

【品读】当时的"士"，一般指有地位的读书人，子路怎么会不知道呢？孔子的回答是有针对性的。他是说朋友之间有不同的想法、意见可以互相交流沟通，但不能争吵，以防伤害感情，不能和睦相处。朋友、兄弟都一样，都要相敬相爱，但不能过近去远。过近，容易失礼而产生隔阂；去远，容易疏远而感情淡忘。最好是彼此敬重，约束自己的言行，近不放肆，远不放弃。

14.10 子曰："贫而无怨难，富而无骄易。"

【译文】孔子说："贫穷却没有怨恨，很难；富贵却不骄傲，倒容易做到。"

【品读】贫富是一种社会常态，重要的是人们对贫富的心态，无论贫与富，谁能调整好自己的心态，谁就会活得安逸、祥和。否则，贫富都不会幸福快乐。因贫穷不怨天尤人很难，往往会埋怨社会不公、埋怨孤单无助、埋怨命运多舛，而活得凄凄惨惨。其实富贵而不骄纵奢淫更难，常言说"富不过三代"，皆因骄奢败家。所以，贫而无怨、富而不骄就成为人们向往的理想心态。

14.12 子路问成人。子曰："若臧武仲之知，公绰之不欲，卞庄子之勇，冉求之艺，文之以礼乐，亦可以为成人矣。"曰："今之成人者何必然？见利思义，见危授命，久要不忘平生之言，亦可以为成人矣。"

【译文】子路问怎样才是完人。孔子说："智慧像臧武仲，清心寡欲像孟公绰，勇敢像卞庄子，多才多艺像冉求，再用礼乐来成就他的文采，也可以说是完人了。"等了一会儿，又说："现在的完人哪里一定要这样？看见利益便能想起该得不该得，遇到危险便肯付出生命，经过长久的穷困日子都不忘记平日的诺言，也可以说是完人了。"

【品读】一开始孔子就说有智慧，没贪欲，要勇敢，多才艺，守礼乐的人才是完人。等了一会儿，他也许觉得完人标准太高太全，事实上多数人达不到。所以，才又改口说现在的人能做到见利思义、临危受命、遵守诺言就是完人了。这说明孔子希望人们能做完人，但更重视道德品行。只要讲仁德，见义勇为，诚实可信就可以是完人，不必高标准严要求，那样会挫伤多数人的尊严。

14.23 子曰："君子上达，小人下达。"

【译文】孔子说："君子通达于仁义，小人通达于财利。"

【品读】这句话和"君子喻于义，小人喻于利"意思相近。是说有道德的人重视仁义而通达天理，常有上进；没有道德的人重视私利而日渐下流。

14.27 子曰："君子耻其言而过其行。"

【译文】孔子说："君子以自己说的超过自己做的为羞耻。"

【品读】言过其实是许多人的通病，多是内心自卑的外在表现。有真才实学的人往往表现得恭敬谦虚。自吹自擂、夸夸其谈或许能一时彰显自己，时间长了则会被人看穿，遭人唾弃。所以，人们应视言过其实为一种可耻行为。

14.28 子曰："君子道者三，我无能焉：仁者不忧，知者不惑，勇者不惧。"子贡曰："夫子自道也。"

【译文】孔子说："君子所行的三件事，我也没有能够做到：仁德的人不忧虑；智慧的人不迷惑；勇敢的人不惧怕。"子贡说："这正是他老人家对自己的叙述哩。"

【品读】仁、智、勇三方面的品德在《中庸》中被称为"三达德"，即最高的道德标准，后来常和"礼"、"义"、"忠"、"信"等排列在一起，作为中国传统的道德内容，多用"五常"来表述。孔子之所以说"我无能焉"，一方面是说这"三德"是做人的最高标准，即使像我这样的人也难做到，更何况其他人呢；另一方面是表示这"三德"仍是他继续努力的方向。因此，子贡说孔子是在说自己。

14.29 子贡方人。子曰："赐也贤乎哉？夫我则不暇。"

【译文】子贡经常批评别人。孔子对他说："你就够好了吗？我却没有这些闲工夫。"

【品读】批评别人确实是件很难的事，批评的时机、场合、措辞、方式等都很有讲究，稍有不慎，效果适得其反，甚至会得罪人。许多人没有好办法就用沉默来表示，意在等其自省，这也不失为一种好方法。孔子这种批评子贡的旁敲侧击的方法也是一种方法，但并不是好方法，它会让人很尴尬。

14.30 子曰："不患人之不己知，患其不能也。"

【译文】孔子说："不要愁别人不知道自己，只愁自己没有能力。"

【品读】这句话应和《学而篇》中"不患人之不己知，患不知人也"联系起来理解。孔子主张不要在乎别人对自己是否了解，重要的是你要了解别人，做到知人善用；你要自己有本事，别人才会敬重你、相信你。自己没有真才实学，又不了解别人，怎么能和别人合作共事或做朋友呢？所以孔子告诫人们不要唯恐别人不知道自己而自吹自擂，而要忧虑自己的才能有没有长进，对别人的了解有多少。有实力才有魅力。

14.31 子曰："不逆诈，不亿不信，抑亦先觉者，是贤乎！"

【译文】孔子说："不预先怀疑别人的欺诈，也不无根据地猜测别人的不老实，但是却能及早发觉，这样的人是一位贤者啊！"

【品读】普通人能做到"害人之心不可有，防人之心不可无"就行了，人心难测，不可不防。但你一天到晚对谁都防着一手，还没干事就疑心重重，这样不仅什么事也干不好，而且活得太累。所以，应该疑人不用，用人不疑。最好是害人之心不可有，防人之心也不可有，无论什么事都应有事前约定或规矩，用来防患于未然，能随时发现、及时妥善处理问题。所以，孔子称能"抑亦先觉者"是贤者。

14.43 原壤夷俟。子曰："幼而不孙弟，长而无述焉，老而不死，是为贼。"以杖叩其胫。

【译文】原壤（孔子的友人）两腿像八字一样张开坐在地上，等着孔子。孔子骂道："你小时候不懂礼节，长大了一事无成，老了白吃粮食，真是个害人精。"说完，用拐杖敲了敲他的小腿。

【品读】孔子指责原壤是"贼"，不是因为老而不死，而是因为他从小到大不懂礼节，无所事事，对社会毫无贡献。孔子不仅气愤地骂原壤是"贼"，还用拐杖狠狠敲他的小腿。这也是告诫人们千万不要像原壤这样活着，而是从小就要懂得礼节，不断加强修养，活到老、学到老、干到老，老有所为。虚度年华枉为人，仁德不修就是"贼"。

15.12 子曰："人无远虑，必有近忧。"

【译文】孔子说："一个人假若没有长远的考虑，一定会有不久后到来的忧患。"

【品读】这句话要和《公冶长篇》中"季文子三思而后行。子曰'再思可也'"联系起来理解。孔子劝告人们事前要周密思考，或再思，或三思，或远虑均可，切不可毫无准备地鲁莽行事，从而招致祸害。当然也不要犹豫不决，思虑过度，贻误机会。这句话重点提醒人们考虑问题要从长计议，不能只顾眼前利益。虽然凡事都在变化中，往往会遇到意料之外的情况，但只要做好各种准备，顺势应变就可以避免不必要的忧患。

15.15 子曰："躬自厚而薄责于人，则远怨矣。"

【译文】孔子说："多多责备自己，轻一点责备别人，怨恨自然不会来了。"

【品读】怨恨一般缘于对人的责备不当，或严，或多。然而人往往对待别人像医生看病人一样只瞧病症，只说病情，似乎整个人都病了，这样对人是不公平的，你总说他的错误，他怎么会没有怨气呢？严于律己是自我修养，宽以待人是容人自觉。能这样，人们自然就不会对你有怨恨了。人应时刻提醒自己：我有何德何能责备别人，与其责备别人不如想办法解决问题。

15.18 子曰："君子义以为质，礼以行之，孙以出之，信以成之。君子哉！"

【译文】孔子说："君子以道义作为做人的根本，依礼节来实行它，用谦逊的言语来说出它，用诚实的态度来完成它。这样，真正是位君子呀！"

【品读】"义"在"五常"中排列第二，主要指合情合理的道德行为。意为把道德行为都做到恰到好处、适宜、中节的地步。用礼节规范自己行动，用谦逊的语气同他人说话，用诚信的态度对待别人，这样就是一个有良好道义的人了。什么"君子哉"，这可以说是完人了。孔老师呀，您老人家做到了吗？如若您也没有做到，那大家共同努力吧。

15.19 子曰："君子病无能焉，不病人之不己知也。"

【译文】孔子说："君子只担心自己没有能力，不担心别人不知道自己。"

【品读】孔子多次强调有修养的人一定要重视提高自己的才能，而不要多考虑别人对自己的了解。其实是批评当时有许多人唯恐别人不尊重自己，埋怨别人不了解自己的才识，又不去努力提高自己的修养和学识。只要自己有超群的才智和德行，时间一长，别人自然会知道你、尊重你。

15.21 子曰："君子求诸己，小人求诸人。"

【译文】孔子说："君子严格要求自己，小人严格要求别人。"

【品读】严于律己、宽以待人是孔子的一贯主张。他不厌其烦地重申这一观点，实在是因多数人严于律人，宽以待己，遇错误总是先责备别人，甚至完全委过于人。尤其是某些领导为维护自己一贯正确的虚荣面子，遇到失误，多找客观因素和责备别人。其实，这样做不仅于事无补，还会让人离心离德。如果勇于承担责任，检讨自己，不去责备别人，反倒让人觉得不好意思而自我检讨，效果会更好。有句话说得好"你的错就是我的错"，不妨大家都去尝试一下，看看是什么效果。

15.22 子曰："君子矜而不争，群而不党。"

【译文】孔子说："君子庄矜而不争执，合群而不闹宗派。"

【品读】坚守信念无可指责，但固执己见，又和别人争执不休不可取。俗话说"理不辩不明"，而实际上多是辩也不明。一般人争辩起来多钻牛角，怎么会争辩明白呢？如果一定要说明白，可以庄重温和地阐述自己的观点，让别人听后有思考的余地，这样更有益增长知识、增进友谊。人以群分，物以类聚，有人群的地方难免有志同道合的人结党，也有结党营私的。孔子主张不结党营私，要亲和合群，即使结党也不要营私，最好是群而不党，和而不争。

15.23 子曰："君子不以言举人，不以人废言。"

【译文】孔子说："君子不因为人家一句话说得好便提拔

他，也不因为他是坏人而鄙弃他的好话。"

【品读】以言举人、以人废言都不符合孔子听其言、观其行、察其果的识人方法。因为坏人有时也有良言，或许还有善举；有道德的人有时也会说错话，做错事。总之，不能仅仅听他说的话就认定其好与坏，也不能只听他说的话有道理就加以重用，"纸上谈兵"的赵括就是典型。更不能因为一个人是坏人就不听他说的任何话。

15.27 子曰："巧言乱德。小不忍，则乱大谋。"

【译文】孔子说："花言巧语足以败坏道德。小事情不能忍耐，便会败坏大的事情。"

【品读】这两句话都有个"乱"字，孔子强调"巧言"、"小不忍"的危害，以警示人们坚守道德不乱，坚持大谋不乱。花言巧语以不损害道义大德为原则，小忍以图大谋为原则。所以"巧言"应是言辞入耳中听，不是曲意逢迎，乖巧讨好，暗藏玄机；"小忍"是耐得住小的愤恨或喜悦的情绪，不接受小恩小惠，不要见利忘义，不要吝财小气。这样才能不因小失大。

15.28 子曰："众恶之，必察焉；众好之，必察焉。"

【译文】孔子说："大家厌恶他，一定要去考察；大家喜欢他，也一定要去考察。"

【品读】孔子主张"唯仁者能好人能恶人"。满乡村的人都喜欢还不行，最好是满乡村的好人都喜欢他，满乡村的坏人都讨厌他。其实能做到满乡村的人都喜欢更不容易，坏人因喜欢你能接受教育，改邪归正，重新做人不更好吗？不要爱憎分明，但要是非分清。一般来说，大家喜欢的人必有可爱之处，大家厌恶的人必有可恶之处，用不着多考察。孔子的本意是提醒人们不要盲目听信别人的话，对人、对事要自己动脑筋思考。

15.30 子曰："过而不改，是谓过矣。"

【译文】孔子说："有错误而不改正，那个错误便真叫错误了。"

【品读】"人非圣贤，孰能无过"，这是大家耳熟能详的一句话。这句话对犯错误的人只是安慰，不是原谅，更不是犯错的理由。知错不改，才是真正的错误，屡教不改，会铸成大错。所以，孔子也说过"过而改之，不过也"和"不二过"等话告诫人们。

15.32 子曰："君子谋道不谋食。耕也，馁在其中矣；学也，禄在其中矣。君子忧道不忧贫。"

【译文】孔子说："君子要用心于学识道义，不要用心于衣食。去耕田者，也常常饿着肚皮；去学习者，常常得到俸禄。君子只着急得不到道理，不着急得不到钱财。"

【品读】过去有俗话说"早知书中有黄金，高点明灯下苦功"或"书中自有黄金屋，书中自有颜如玉"，现在说"考上好大学，不愁吃和穿"等，基本上和孔子"学也，禄在其中也"的主张一样。其实"耕也"，食也在其中也，民以食为天，把农耕搞好了，人就不会挨饿了，这不也是快乐吗？能让天下老百姓都吃饱穿暖，不也是君子谋之道、忧之道吗？孔子的本意是要人们重视学习，不畏贫困，追求高尚的道德修养，自然俸禄就有了。但假设"君子"们都去谋道不谋食，忧道不忧贫，那过不了几天都得饿死。

15.34 子曰："君子不可小知而可大受也，小人不可大受而可小知也。"

【译文】孔子说："君子不可以用小事情来考验他，却可以接受重大的任务；小人不可以接受重大的任务，却可以用小事情来考验他。"

【品读】一个人能否担当重大事务或担任要职高官，要看他是否是一个有大德、大智、大勇的人。不要看重他的小聪明、小才能而委以重任，这样会误大事的。从古至今为什么会有那么多不胜任的干部呢？就是上级领导不能知人善任，用人不当所致，或许是没有采用民主举荐的任用机制。

15.40 子曰："道不同，不相为谋。"

【译文】孔子说:"主张不同,便不必互相商议。"

【品读】"道"就是信念,现在也叫价值观。人各有志,也是说各人的信念不同,思想不同。孔子这句话是说"信念志向不同的人,不要在一起共事"。言外之意是志同道合的人才能在一起共相谋事,努力成就共同的理想。在这里孔子只是说"道不同"而没说谁对谁错;说"不相为谋"也没有说相互为敌。所以,虽然"道不同",还是要兼容并存,平等相待。

16.4 子曰:"益者三友,损者三友。友直,友谅,友多闻,益矣。友便辟,友善柔,友便佞,损矣。"

【译文】孔子说:"有益的朋友三种,有害的朋友三种。同正直的人交友,同信实的人交友,同见闻广博的人交友,便有益了。同谄媚奉承的人交友,同当面恭维背后毁谤的人交友,同夸夸其谈的人交友,便有害了。"

【品读】人一生中最重要的是亲人(父母、夫妻、儿女),其次就是朋友了。俗话说"在家靠父母,出门靠朋友",尤其现代社会,青年人多是独生子女,朋友更显重要,更需要选择交往好朋友,拒绝交往有害的朋友。所以,交友就成为慎之又慎的大事了,稍有不慎,贻害匪浅。"近朱者赤,近墨者黑",因此,孔子提出交友的标准,以供人们交友时鉴别,这是提升自己品行和修养的方法。为互相帮助、取长补短去交朋友,你会获得友谊和快乐;为"靠朋友"而交朋友,会给朋友造成许多麻烦;为交朋友而交朋友会给自己多添负担。"君子之交淡如水"，人需要建立的是纯洁高尚的友情。

16.5 孔子曰："益者三乐，损者三乐。乐节礼乐，乐道人之善，乐多贤友，益矣。乐骄乐，乐佚游，乐晏乐，损矣。"

【译文】孔子说："有益的快乐三种，有害的快乐三种。以得到礼乐的节制为快乐，以宣扬别人的好处为快乐，以交了不少有益的朋友为快乐，便有益了。以骄傲为快乐，以游荡忘返为快乐，以饮食荒淫为快乐，便有害了。"

【品读】人人都追求幸福快乐，但各有各的快乐，各有各的痛苦。孔子认为，快乐与痛苦取决于自己本性的慈善与邪恶，所以提出有益的三种快乐和有害的三种快乐加以区别。能用法律和道德约束自己，不犯错误；能宣扬别人的优点长处，不得罪人；能与有品行有智慧的人交朋友，这样会得到心灵的终生快乐。如果以傲慢自大、游荡忘返、饮食淫逸为快乐，只追求感官上的刺激，一定会使自己陷入痛苦的深渊。当今人们追求快乐幸福是对的，但还要切记：快乐的真谛是付出，幸福的真谛是奉献。

16.6 孔子曰："侍于君子有三愆：言未及之而言谓之躁，言及之而不言谓之隐，未见颜色而言谓之瞽。"

【译文】孔子说："陪着君子说话容易犯三种过失：不该说

话,却先说了,叫作急躁;该说话了,却不说,叫作隐瞒;不看看君子的脸色便放肆大言,叫作瞎眼睛。"

【品读】人与人的交流沟通多是用语言,会不会说话就显得十分重要,俗话说"会说话顶钱花,不会说话挨疙瘩","祸从口出","说话不看脸色",等等。孔子批评这三种说话的毛病,不只是在和君子说话时犯的毛病,而且是许多人的通病。说话也是一门艺术,因用语措辞、时机场合、人物对象的不同而不同,所以,孔子一再要求"慎言"。如果实在没有把握表达好,就少说或不说,用沉默来表示,所以"沉默是金"是很有道理的。说句玩笑,庙里的神像为什么几千年来进香者不断,就因为它从不开口说话,谁也不知道它葫芦里卖的什么药,永远不得罪人,落得个圣贤的好名声。其实,平日遇到正经事能做到头脑清楚、嘴巴少开就行了。

16.7 孔子曰:"君子有三戒:少之时,血气未定,戒之在色;及其壮也,血气方刚,戒之在斗;及其老也,血气既衰,戒之在得。"

【译文】孔子说:"君子有三件事情应该警惕戒备。年轻的时候,血气未定,便要警戒,莫把精力放纵在女色上;等到壮大了,血气正旺盛,便要警戒,莫动怒,引起斗殴;等到年老了,血气已经衰弱,便要警戒,莫贪求无厌。"

【品读】色、斗、得这三点是在人生不同阶段要特别注意戒除的事。其意义不仅是为了身体保健，主要是修身养性：做人和做事都要有分寸，切不可过度贪得。孔子是阐述性情的修养在于约束自己，不能随心所欲，放纵自己。

16.8 子曰："君子有三畏：畏天命，畏大人，畏圣人之言。 小人不知天命而不畏也，狎大人，侮圣人之言。"

【译文】孔子说："君子害怕的有三件事，怕天命，怕王公大人，怕圣人的言语。 小人不懂得天命，因而不怕它，轻视王公大人，轻侮圣人的言语。"

【品读】孔子说"畏天命，畏大人，畏圣人之言"，孟子说"毋不敬"，都是教导人们要心存敬畏，万不可胆大包天，恣意妄为，无所顾忌。畏天命，就是敬重（天道）宇宙自然规律。自然规律的探索又是无止境的，孔子自己说"五十而知天命"，其实是说他五十岁才知道自己该做什么，能做什么，不做什么，并不是说他完全了解宇宙自然的规律。人不知天命，什么事都能干得出来，结果是害人害己。一旦"人有多大胆，地有多大产"、"人定胜天"的意识占了上风，大自然对人类的报复就会显现。"畏大人"，指敬重王公大人。在实际生活中要想实现人生价值，就需要重视这个问题，只有敬重领导，得到领导的信任和支持，才更有利于最大限度施展自己的才华。"畏圣人之言"，是说不能不听圣贤的话。圣人往往是经历不凡、知识渊博、人格伟大的人，他们说的话最接近于（不等于）"道"理，是明白人的明白话，试想，人连明白人的话都不听，你还能做成什么。这样看来，我们应该遵循孟子的"毋不敬"思想。对天、地、人、自然等诸事都要恭顺勤敬，尤其对亲人、同事、朋友、领导、下属、路人等，都要倍加敬爱，万不可妄自尊大，藐视一切。

16.10 孔子曰："君子有九思：视思想、听思聪、色思温、貌思恭、言思忠、事思敬、疑思问、忿思难、见得思义。"

【译文】孔子说："君子有九种考虑，看的时候，考虑看明白了没有；听的时候，考虑听清楚了没有；脸上的颜色，考虑温和了没有；容貌态度，考虑庄矜了没有；说的言语，考虑忠诚老实了没有；对待工作，考虑严肃认真了没有；遇到疑问，考虑怎样向人家请教；将要发怒了，考虑有后患没有；看见可得到的，考虑应该由我得么。"

【品读】孔子提出养性自修的九种具体要求，听起来很严，但都是平时基本能做到的。这句话连说九个"思"字，和孔子一贯主张的"敬"、"谨"、"慎"相一致，即谨于行、慎于言。这里孔子还是强调用反思的方法，端正自己的言行，提升品位，"思"就是平常说的"用心"，不要粗心大意。但也不要把自己搞得谨小慎微，顾虑重重，贻误大事。

17.2 子曰："性相近也，习相远也。"

【译文】孔子说："人类的性情本是相近的，只因为习染不同，便相距悬远。"

【品读】"性"指人与生俱来的自然属性，也指社会生存的共同"德性"，如孟子讲性善，荀子讲性恶；"习"指人后天造化的行为习惯。"性相近"只是说人与人的自然属性、德性差不多，并不是说完全一样，更不是说天性禀赋一样，人的天赋秉性是千差万别的。"习相远"主要指习惯不同，也指人心不同、学习不同。由于人的天赋秉性、潜能品质的差异，更主要是后天学习方向不同、人的成长环境不同，导致人与人之间行为习惯的相去甚远。这就是为什么有的人被孔子赞扬为"君子"、"上智"、"上达"、"贤能"，而有的人被孔子说成是"小人"、"朽木"、"粪土"、"恶"、"邪"。所以说，孔子"有教无类"和"因材施教"的教育思想也是基于"性相近"、"习相远"的观念。

17.12 子曰："色厉而内荏，譬诸小人，其犹穿窬之盗也与！"

【译文】孔子说："脸色严厉，内心怯弱，这种人，若用坏人作比喻，怕像个挖洞穿墙的小偷吧！"

【品读】这是孔子指责那些公卿大夫外表威严，内心空虚，外表强悍而内心怯弱。有位、有权、有势就显得外表强大，而无知、无仁、无能必然心虚懦弱。孔子为什么叫这种人"小人"，像翻墙入室的小偷，因为他们总是慌恐不已，心虚胆怯。意思是这种色厉内荏的人不堪一击，不要去理睬他们，把他们看成是小偷就行了。同时，告诫当官的不要装模作样，装腔作势，吓唬别人，要有真才实学，修养过人才是真正的威严。

17.22 子曰："饱食终日，无所用心，难矣哉！不有博弈者乎？为之，犹贤乎已。"

【译文】孔子说："整天吃饱了饭，什么事也不做是不行的呀！不是有掷采下弈的游戏吗？干干也比这样闲着好。"

【品读】孔子指责有的人"饱食终日，无所用心"而荒废时日。同时又说做到"饱食终日，无所用心"也很难，人毕竟是有灵性的动物，如若"无所用心"可能是植物人，生理正常的人你不让他动脑子是很难的。所以，孔子提出退而求其次的办法，既然无所事事倒不如去游戏玩耍，也比"无所用心"的好。当然，人还是用心学习、认真做事最好。

17.24 子贡曰："君子亦有恶乎？"子曰："有恶，恶称人之恶者，恶居下流而讪上者，恶勇而无礼者，恶果敢而窒者。"

曰："赐也，亦有恶乎？""恶徼以为知者，恶不孙以为勇者，恶讦以为直者。"

【译文】子贡说："君子也有憎恶的事吗？"孔子说："有憎恶的事，憎恶一味传播别人坏处的人；憎恶在下位而毁谤领导的人；憎恶勇敢却不懂礼节的人；憎恶勇于贯彻自己的主张，却顽固不通、执拗到底的人。"

孔子又说："子贡，你也有憎恶的事吗？"子贡随即答道："我憎恶偷袭别人的成绩却标榜自己聪明的人，憎恶毫不谦虚却自以为勇敢的人，憎恶揭发别人隐私却自以为直率的人。"

【品读】憎恨与爱好，讨厌与喜欢都是个人价值观取向的表现，有人类相同的价值观，也有个人价值观的差异。这段对话，似乎是孔子和子贡在互相考问对方：你有憎恨的人和事吗？答案是彼此都有。孔子和子贡所憎恨或者说讨厌的这七种人或者说七种不良表现，也是人人都唾弃的行为。孔子批评人的这些不良行为，也就是希望其他人要有与之相反的优良行为：说别人的好话、拥护领导、知礼节、懂顺从、专注自己的成绩、谦虚恭敬、真诚坦率等。

17.25 子曰："唯女子与小人为难养也，近之则不孙，远之则怨。"

【译文】孔子说："只有女子和小人是难得同他们共处的。亲近了，他会无礼；疏远了，他会怨恨。"

【品读】这句话是孔子自己的切身体会，本是老实人说了句老实话，结果千百年人们对这句话的误解和诟病最多。受了老婆的气，男人们用这句话来安慰自己；妇女们因孔子把自己与"小人"排在一起而愤恨不平；反封建争人权的斗士们批孔是歧视妇女。这可真是天大的冤案，孔子如若活着一定会争辩的。

155

孔子的本意是说君子与女子、君子与小人难相处，并没有说"女子"就是"小人"，"小人"实指德行不好的男人，是不含女人的。那时的"女子"是没有文化的家庭妇女，且都不参加社会政治活动，这样的女子怎么和像孔子一样的君子融洽相处呢？即使在现在，男人与女人在生理、心理、思维习惯、意识等方面都有很大区别。而女人不把自己当女人，多数男人又把女人当男人一样要求，当然就很难相处了。有人说"男女都一样"，男人办到的事女人一样都办得到。这纯粹是睁眼说瞎话。性别歧视不能有，但性别差异不能无。至于君子与小人难相处就容易理解了。这里的小人不包括老百姓。有文化、有修养、有地位的君子和利欲熏心、行为龌龊、缺少仁德的小人确实难以相处。切记，孔子在这里只说"难养也"，没有说不相处。既然君子和女子、君子和小人很难相处，又不能不相处，那就得小心谨慎了。"近之则不孙，远之则怨"才是孔子要提醒人们注意的重点，这不仅是正确处理君子和小人关系的原则，更是处理好上下级关系的原则，也同样适用于处理人与人的关系。

17.26 子曰："年四十而见恶焉，其终也已。"

【译文】孔子说："到了四十岁还被别人厌恶，他这一生也就完了。"

【品读】一般说"四十而不惑"，四十岁就是明白人啦。但一个人到四十岁还让人讨厌，概率上讲他这一生也就不可救药了。孔子在《宪问篇》也曾说"老而不死，是为贼"，但也有个别例外，下定决心、痛改前非，老而有为或悟性延缓，迟觉顿开、大器晚成也是有的。孔子说四十岁，只是强调人的品行修养越早越好，少壮不努力，老大徒伤悲。人有缺点和错误很正常，能立即改过就不是过错了，不可等到习染成痼疾，那可真是人人讨厌的"老贼"了。

19.8 子夏曰："小人之过也必文。"

【译文】子夏说："小人对于错误一定加以掩饰。"

【品读】文过饰非，一定是小人的做法。掩饰自己错误的多是公卿大夫，他们甚至习惯诿过于人，保全自己的地位和名声。子夏把文过与小人放在一起，就是指责那些伪君子是小人，并倡导言必笃实、坦诚认错的良好风尚。谎言只能欺骗自己。

19.9 子夏曰："君子有三变：望之俨然，即之也温，听其言也厉。"

【译文】子夏说："君子有三变，远远望着，庄严可畏；向他靠拢，温和可亲；听他的话，严厉不苟。"

【品读】这是子夏描绘的领导形象，希望公卿大夫们对照着修养自己的形象。这是一件很不容易的事。如果仅是专注"形象"修整，就容易装腔作势，时间一长，肯定会露馅；若要心诚志坚，就必须时时、处处、事事注意修养，佛学有句话"境随心转",内心是怎么想的,脸上自然会表现出来。所以,正人君子形象的养成也同样要心始于诚,事成于细。

19.21 子贡曰:"君子之过也,如日月之食焉:过也,人皆见之;更也,人皆仰之。"

【译文】子贡说:"君子的过失好比日食、月食:犯错误的时候,谁都看得见;更改了,谁都敬重他。"

【品读】子贡在这里是说"君子"的过失人人都知道,改过了人人都欢迎。其实所有人的功过是非,别人都知道,旁观者清嘛。文过饰非只是掩耳盗铃,欺骗自己。人不怕犯错误,就怕不改错误。

孝悌篇

孝子与忠臣是孔子塑造的两个『人』之楷模。多少年来，人人都自觉相向，然而许多人做得不怎么样。

孝悌篇

百善孝先　感恩世界

人类社会的群生关系中最亲近的莫过于父母、儿女、兄弟、姐妹等亲情关系，以血统构成的"家"是人最可靠、最安全的温馨所依。儒家的孝道重在讲对父母亲的敬顺，不是感恩的爱，是人的责任。无论你面对什么样的父母亲，都要真诚地孝敬，这才是完整意义上的人。所以说"夫孝，德之本也，教之所由生也"。在"家天下"的封建社会中，家庭和朝廷是最主要的两种社会组织，人子和人臣是最普通的两种社会角色。于是，孔子设计出两种理想的人格模范，即孝子和忠臣。本篇内容不多，但基本上阐述了孔子的孝悌观念：孝养、孝敬、孝顺的内涵。孝子对长辈的敬顺，是忠臣对帝王的榜样，所以才有"求忠臣与孝子之门"的说法。由于这种血缘关系式的维系，愚忠愚孝误国误家，不忠不孝祸国乱家，尽忠尽孝稳国固家，中国封建社会才沿袭了两千多年。

人首先要孝敬父母、关爱亲人、善待他人，更要感恩这个世界。但在现代实际生活中更要强调人的个性和尊严，父母与子女、上级与下级之间第一需要是彼此的尊重。单方面强调"忠孝"是违背人伦的，是上尊下卑、父母将孩子当作私有财产的理由，也是弑君、弑父、残害子女的罪恶根源。

1.2 有子曰："其为人也孝弟，而好犯上者，鲜矣；不好犯上，而好作乱者，未之有也。 君子务本，本立而道生。 孝弟也者，其为仁之本与！"

【译文】有子说："他的为人，孝顺爹娘，敬爱兄长，却喜欢触犯上级，这种人是很少的；不喜欢触犯上级，却喜欢造反，这种人是没有的。君子重视根本（孝悌），根本确立了就会产生高尚的品德。孝顺父母，敬爱兄长，这就是仁爱的根本吧！"

【品读】在有子眼里君臣和父子是同比关系，尽忠如尽孝。也就是说，既然孝悌是仁德之根，忠君也当然是仁德之本，意思是说，只要尽孝顺就没有犯上作乱的人了。然而，事实上君臣和父子关系是有很多区别和不同的，特别是具体处理起来仍有方法、要求等不同的细节。所以，尽孝而又"犯上作乱者"从古至今没有断绝。

1.9 曾子曰："慎终，追远，民德归厚矣。"

【译文】曾子说："慎重地对待父母的死亡和追念上远的祖先，这样做，人们的品德、风化自然会趋于笃实淳厚了。"

【品读】厚道是人类社会最值得尊崇的民德风尚之一。宽厚待人，相互包容才能使人们共存共荣。曾子认为这种良好风尚的构建，首先从"慎终"和"追远"做起。尊敬亡灵，不忘祖先就是传承和发扬良好家风以淳化社会风气。但追悼仪式不可铺张浪费。

1.11 子曰："父在，观其志；父没，观其行。三年无改于父之道，可谓孝矣。"

【译文】孔子说："父亲在世时，要观察他的志趣；父亲去世后，应考察他的行为。如果三年不改变父亲既定的原则，这也可以算是孝了。"

【品读】孔子告诉人们考察人是否"孝"的标准是"志"、"行"、"道"，方法是"观"、"改"。这些都是基本的原则和方法，孔子并没有具体的量化标准，三年不改父之道也不能说成因循守旧，孔子只说三年不改父之道，并没有说永远不改。民间的"守孝三年"只表示对父母之灵的敬重，名义上守孝，实际上并不怎么限制孝子的行为。事实上没有不改的，如曾国藩回乡守孝，创立湘军，成为清廷的中兴大臣。

2.5 孟懿子问孝。子曰："无违。"

樊迟御，子告之曰："孟孙问孝于我，我对曰，无违。"樊迟曰："何谓也？"子曰："生，事之以礼；死，葬之以礼，祭之以礼。"

【译文】孟懿子向孔子问孝道。孔子说："不要违背礼节。"

不久，樊迟替孔子赶车，孔子便告诉他："孟孙向我问孝道，我答复他说，不要违背礼节。"樊迟道："这是什么意思？"孔子说："父母活着，依规定的礼节侍奉他们；死了，依规定的礼节埋葬他们，祭祀他们。"

【品读】孔子明确告诉人们对待父母大人，生前死后都要按礼节行事，不能违背既定的规矩，这是"孝"的基本要求。否则，就是不孝。即使有违背父母意愿的行为，只要不违背礼节，也还是孝行。

2.6　孟武伯问孝。　子曰："父母唯其疾之忧。"

【译文】孟武伯向孔子请教孝道。　孔子说："做儿女的除了疾病以外都不要让父母担忧。"

【品读】这句话也可以反过来理解，孝子唯有多为父母的健康担忧。人到老年，身体逐渐衰弱，多有疾病发生，需要子女操心照顾。然而，父母为儿女的操心最深情，最宽厚，一般都是一生为儿女所累，特别是现在有的独生子女，事事都让父母包办，甚至有些儿女把一切不如意都归于"没有一个好爸爸"，让做父母的伤心、寒心，死了也不能放心，远远背离了"父母唯其疾之忧"的圣言。这个"唯"字，也暗含父母与儿女之间除了相互关心身体健康外，其他方面就不要太多关注，更不要干涉双方的自由，独立自主对双方都好。

2.7　子游问孝。　子曰："今之孝者，是谓能养。　至于犬马，皆能有养。　不敬，何以别乎？"

【译文】子游问孝道。孔子说："现在所谓的孝，只是说能够养活爹娘便行了。就是犬马都能够得到饲养。若对父母没有孝敬之心，那养活爹娘和饲养犬马有什么区别呢？"

【品读】孔子认为，孝子能衣食赡养父母大人是连犬马都能得到的最基本的要求，人的"孝道"最重要的是精神赡养。如常聊聊天、说说话；给老人些钱，多少不限，让他们感觉自己富有；家务事多请示少报忧，让老人感觉到自己还有用，不是废人；投其所好，支持老人，参加一些力所能及的活动。现在的老人虽然没有午日的阳刚，却还有夕阳的活力，千万不要视老人为"等死队员"。总之，要让老人感到活着的尊严和快乐。

2.8 子夏问孝。子曰："色难。有事，弟子服其劳；有酒食，先生馔，曾是以为孝乎？"

【译文】子夏问什么是孝。孔子说："难得的是儿子在父母面前有愉悦的脸色。如若有事，有年轻的儿子操劳；有酒有饭让年长的父兄吃喝。这样就可以叫作孝子吗？"

【品读】孔子用反问的句式，说明他的孝悌观念。年轻人能替老人操心劳作，让老人能衣食无忧还不算孝，这只是最起码的一种责任。更高层次的孝是自己经常因事业的成功而面带喜色，让父母大人觉得自豪，有尊严。换句话说，最好的孝是做出光宗耀祖的业绩来。然而这是很难的。所以孔子才说"色难"。因为难以实现"光宗耀祖"而让许多人的颜面尴尬，这又何必呢，相信我们的祖宗是不会为难自己的子孙的。

4.18 子曰："事父母几谏，见志不从，又敬不违，劳而不怨。"

【译文】孔子说："侍奉父母，如果他们有错，要轻微婉转地劝止，看到自己的意愿没有被听从，仍然要恭敬不违拗，为他们操劳却不怨恨。"

【品读】人到老年，多孤陋寡闻，执拗不变，这往往是考验"孝"子的时候。很多年轻人对待父母不妥的言行不要说"几谏"，再谏就不耐烦了，甚至生气顶撞或不予理睬。其实，儿女和父母之间只能讲情，不能讲理，决不能惹父母生气；只讲父母恩情，莫谈父母过错；只讲顺从父母，莫想改变父母；只为父母操心劳作，不能有一丝怨言，切不可怨父母对自己怎么不好，即使父母真有不对的地方也不能报复。但老人能自己做的事，一定不要麻烦子女，而且要尽可能帮助子女。儿女对父母的敬重，为父母大人操心是人性的责任，绝不是相互的恩怨。所以，孔子要求子女做到"敬不违，劳而不怨"。

4.19 子曰："父母在，不远游，游必有方。"

【译文】孔子说："父母在世时，不出远门，若要出远门，一定要有明确的方向（地点）。"

【品读】"慈母手中线，游子身上衣"，儿女在哪里，父母的心就在哪里。孝子就应让父母少些担忧。所以，孔子才说了这句话，意在劝儿女们少让父母操心，有事外出也要"游必有方"。现在，交通发达，通信快捷，即使天各一方也能常通话、报平安。然而，一些年轻人忽略了这一点，没有事不通话，借口忙不回家，只寄钱不问事，忽视了老人的情感需求。这可以说是现代版的不孝，所以，才有"常回家看看"的法律规定。

4.21 子曰："父母之年，不可不知也，一则以喜，一则以惧。"

【译文】孔子说："父母的年岁，不能不记住，一方面为他们的高寿而高兴，一方面为他们的衰老而担忧。"

【品读】孔子让人们随时注意父母的年龄变化，重在及时行孝。由于身体机能的衰退，老人的疾病防不胜防，随时都有危险。儿女往往误以为老人身体好，没什么事。或认为自己的事业如日中天，忙得不可开交，因而退后行孝。"子欲养而亲不待"，一旦有事，悔之晚矣。儿女不仅应该关注老人身体，更应该让老人精神饱满，心情愉快，每年生日的祝福必不可少。平日里多恭颂老人一生的"杰出表现"和"丰功伟绩"，多汇报自己的骄人成绩和平安快乐，让老人生活在愉悦中，笑着离开人世。

11.5 子曰："孝哉，闵子骞！人不间于其父母昆弟之言。"

【译文】孔子说："闵子骞真是孝顺呀！别人对于他爹娘兄弟赞美他的言语都毫无异议。"

【品读】孔子在这里主要是夸闵子骞不仅有孝行，更是有孝心。他的孝行不仅合乎礼节，更能让父母兄弟的言行不遭非议，这才是真诚的孝呀！盲目的孝，容易触犯礼节；盲从的孝，容易发生过错，所以，尽孝是要用心的。

13.18 叶公语孔子曰："吾党有直躬者，其父攘羊，而子证之。"孔子曰："吾党之直者异于是。父为子隐，子为父隐。直在其中矣。"

【译文】叶公告诉孔子："我那里有个坦白直率的人，他父亲偷了别人的羊，他便亲自去告发。"孔子道："我那里的坦白直率的人不是这样的。父亲替儿子隐瞒，儿子替父亲隐瞒。这里面就有着直率的道理。"

【品读】这两种情况都涉及儿女如何对待犯错或犯罪的父母大人。孔子认为"父为子隐"、"子为父隐"是"直在其中矣"，而"子证之"不合情理，是大不孝。当然，孔子说这话的历史背景是人情至上的人治社会。真正法治社会是应该提倡"子证之"的。现在这个问题就好处理了。如若父母兄弟是犯错大可不必兴师问罪，耐心劝阻就行；如若是犯罪，万万不可包庇隐瞒，尽力配合公安检察机关工作。否则，不仅于事无补，而且会添加麻烦，加重罪责。总之，亲属之间万不可把对方陷于不义。

19.18 曾子曰："吾闻诸夫子：孟庄子之孝也，其他可能也；其不改父之臣与父之政，是难能也。"

【译文】曾子说："我听老师说过：孟庄子的孝，别的都容易做到；而仍旧任用他父亲的臣僚，仍旧守着他父亲的政治措施，都不加变动，是难以做到的。"

【品读】"三年无改于父之道"，可能孔子说的就是孟庄子吧？是不是说他无关紧要，关键是改不改父亲的旧臣幕僚和既定方针。因为改的多，不改的少，所以孔子感叹不改"是难能也"。其实，孔子在这里把孝道和治国联系起来，就是想用孝道的敬、忠、顺来要求大臣、国民保持国家民族的传承与稳定，政策与工作的连续性，"不改"只限三年，改是必然趋势，即使改革也要审时度势，稳妥推进。切不可谋权极欲，一概废止。

论语

教学篇

"学而不厌，诲人不倦"的万世师表，喋喋不休地念着自己首创的经典名言，培养了一代又一代华夏精英，但也不乏误入旁门左道的。

教学相长　传习合一

孔子是我国最早的教育家之一，他的教育思想、教育实践对我国的教育事业发展产生了无与伦比的影响。他开创了设坛讲学的教育先河。他从开始就抓住了教育的本质：尊重个性，发展潜质，倡导和推行因材施教的教育原则。他能在两千六百年前提出学习的最高境界："学而时习之，不亦说乎"、"知之者不如好之者，好之者不如乐之者"，并且自己做到"三月不知肉味"、"乐而忘忧，不知老之将至云尔"是何等的卓尔不凡。他运用的教学方法，主要是启发式教学，"不愤不启，不悱不发"、举一反三等至今仍是最基本的教学方法。他提出的有教无类、一视同仁、尊重人格的教学态度很值得称道。他明确提出"学以致用"的学习目的和"学而时习之"的学习要求，他主张"学而知之"，学生要有"学而不厌"、"朝闻道，夕死可矣"的学习态度，要求学生运用"温故而知新"、"学而不思则罔"、"思而不学则殆"的学习方法。他提出的"六蔽"和"四绝"是作为学生必须克服的毛病，至今对学生来说仍是很好的诫勉。至于有后人质疑孔子把人分成上、中、下等级加以区别和"上智与下愚不移"等做法，确有求全责备和刻薄古人之嫌，无论怎么说，孔子的教育思想和教育实践都值得今天的教育者们拿来与自己的教育行为作比较和鉴别。我们不妨依教育行当的祖师爷，当年私人创立的"孔子学院"展开丰富的想象：一个没有全国统一课本、没有全国统一教学大纲、没有全国统一考试、没有全国统一颁发毕业证、没有漂亮的高楼当教室、没有偌大的校园围墙、没有学费，完全让学生自由、自觉、自信、自立地学习，竟然还出了三千弟子七十二贤人。

1.1 子曰："学而时习之，不亦说乎？有朋自远方来，不亦乐乎？人不知而不愠，不亦君子乎？"

【译文】孔子说："学了知识，然后时常去温习它，不也高兴吗？有志同道合的人从远处来，不也快乐吗？人家不理解我，我却不怨恨，这样做不也是君子吗？"

【品读】孔子教给学生快乐学习和快乐为人的生活态度，俗称"孔门三乐"或"君子三乐"。其实，也是对有的人只学不用、孤芳自赏、多有怨情的批评。如若人人都能自觉自愿去实践"孔门三乐"，整个社会生活也会其乐融融。把这句话放在整部《论语》开篇首句，就是强调君子要实践三乐。现今，君子三乐应成为全民三乐。

2.9 子曰："吾与回言终日，不违，如愚。退而省其私，亦足以发，回也不愚。"

【译文】孔子说："我整天和颜回讲学，他从不提出反对意见和疑问，像个蠢人。等他回去我再观察他自己的行为，却也能够发挥，颜回呀，并不愚蠢呵。"

【品读】孔子赞扬颜回"不愚",还是强调学习就要勇于实习。颜回虽然在课堂提不出什么问题,但是下课后他都能把学到的内容发挥出来落实到生活中,这就是最好的学习。孔子视颜回如亲子,这句话可能是孔子听有人说颜回愚笨才专门做了考察,并加以说明。

2.11 子曰:"温故而知新,可以为师矣。"

【译文】孔子说:"温习旧的知识,却能够有新的体会、新的发现,便可以是教师了。"

【品读】孔子认为,温习也是获得新知识的一种方法。温习不是简单重复式的死记硬背,它是一种心灵的觉悟和思考。通过对已学过的旧知识的重新思辨,获取新的体会心得,得到新的知识,使古代优秀文化思想得到继承和发扬。这样,可以说"温故"就是创新,能让你悟出新的知识。

2.15 子曰:"学而不思则罔;思而不学则殆。"

【译文】孔子说:"只是读书却不去思考就会茫然一无所得;只是空想却不去读书就会精神疲殆。"

【品读】孔子认为真正的学习是学与思的结合,只学不思是白学,只思不学是空想,这都是学习中要克服的毛病。学是掌握已知的学问去分析、比较、理解未知的问题,从而得到新的融会贯通。这样的学习才是真正意义上的学习。通俗地讲就是不能死记硬背，又不能凭空乱想。

2.17 子曰："由，诲女知之乎！知之为知之，不知为不知，是知也！"

【译文】孔子说："仲由呀！教诲你怎样求知吧！懂了就是懂了，不懂就是不懂，这才是聪明啊。"

【品读】一定要完整阅读理解这句话，切不可断章取义为我所用。第一个"知"指孔子教诲学生的道理，要求学生认真研读，弄清本意，不懂得不要妄加猜测，胡说八道；最后一个"知"字是明智的意思。科学的态度是实事求是，不懂不要装懂，以免贻害后人。这句话听起来像孔子告诫仲由什么是"知"。

4.8 子曰："朝闻道，夕死可矣。"

【译文】孔子说："早晨得知'道'理，要我当晚死去，都值得。"

【品读】这个"道"大概是指天道或仁道，用现在的话说就是人生观、价值观、宇宙观等。这个"道"从古至今众说纷纭，莫衷一是，所以，孔子才敢说朝闻夕死的话。其实，"道"理是不断探索的过程，永远没有明白的结果。当然，不会有朝闻也就不会有夕死，孔子是要人们决心求索，努力实践仁道。

4.9 子曰："士志于道，而耻恶衣恶食者，未足与议也。"

【译文】孔子说："读书人立志求道，却又以自己吃粗粮穿破衣为耻辱，这种人，便不值得同他谈论了。"

【品读】孔子批评那些读书不专心、求道不真诚的知识分子讲求吃穿贪图享受，也是勉励知识分子清心寡欲，不为世俗所累。事实上从古至今大多数知识分子都出于富裕之家，最差也是温饱型的人家，所谓"安贫乐道"的"贫"是相对于富豪和权贵而言的。试想，一个饿得饥肠辘辘、冻得瑟瑟发抖的人怎么能专心致志，又以吃穿为耻呢？

5.15 子贡问曰："孔文子何以谓之'文'也？"子曰："敏而好学，不耻下问，是以谓之'文'也。"

【译文】子贡问："孔文子（孔圉）凭什么谥号为'文'？"孔子说："他聪明灵活，爱好学习，又谦虚下问，不以为耻，所以用'文'字做他的谥号。"

【品读】"文"是孔圉死后的谥号，也是对知识分子的尊称，孔子说孔圉被谥为"文"当之无愧。因为他勤学好问，这点大多文人都能做到。"不耻下问"就十分难得了，许多文人都自视清高，目中无人，屈躬下问是很丢面子的。然而社会知识和自然知识大量存在于社会底层及实践活动中，并不只在社会上层和书本里，所以孔子强调"下问"是很有道理的。勤学固已知，好问求未知，这句话是孔子倡导勤学好问的治学精神。

5.28 子曰："十室之邑，必有忠信如丘者焉，不如丘之好学也。"

【译文】孔子说："就是只有十户人家的地方，也一定有像我这样又忠心又讲信实的人，只是赶不上我喜欢学问罢了。"

【品读】孔子之所以这样说话，重在启示人们（学生）要勤奋好学。不只是做到忠信就行了，仍要坚持不断地学习，不断丰富自己的文化学识，才能真正做到忠诚信守。这里的"好学"，意思不是说学习数理化知识，而是指为实现"仁"的志向而好学。

6.20 子曰："知之者不如好之者，好之者不如乐之者。"

【译文】孔子说："对于任何学问和工作，懂得它的人不如喜爱它的人，喜爱它的人又不如以它为快乐的人。"

【品读】孔子的"知之"、"好之"、"乐之"只是针对学习动机说的。这也是说学习的三个依次提高的境界："知之"是出于生活需求，不得不学；"好之"是出于情趣爱好，自愿学习；"乐之"是无求无欲，只收获快乐的学习。今天，虽然满大街都能听见"我快乐，我工作"、"我快乐，我学习"、"我快乐，我生活"

的话语，而实际上这样的快乐很多时候只停留在口头上，人们的学习和工作大都是功利性的，能有什么真正的快乐呢？能达到"知之"就行了。

6.21 子曰："中人以上，可以语上也；中人以下，不可以语上也。"

【译文】孔子说："中等才智以上的人，可以和他谈论高深学问；中等才智以下的人，不可以和他谈论高深学问。"

【品读】孔子依人的天生资质，把人（学生）分为上、中、下三种，其中中人以上和以下都是少数，中人居多。用现在的说法就是特别聪明的人和弱智的人都是少数，大多数人属中等资质。他们的天性禀赋虽然不同，但都是可造之材。孔子这样分层施教只是为取得良好教学效果，并不是要把人分成若干等级加以区别。直至今天，因材施教仍是应遵循的基本教学原则。

7.2 子曰："默而识之，学而不厌，诲人不倦，何有于我哉？"

【译文】孔子说："默默地记住学到的知识，努力学习而不厌弃，教诲别人而不疲倦，这些事情对我来说有什么困难呢？"

【品读】"默而"是默默思考，不轻易乱说；"不厌"是要坚持到底，不要半途而废；"不倦"是要真心诚意，不要随意放弃。"默而识之，学而不厌，诲人不倦"是一个教育工作者必备的基本素质。所以，孔子说自己做得不错，也没什么值得骄傲的，这只是孔子树立的教师形象或者说知识分子形象。

7.7　子曰："自行束脩以上，吾未尝无诲焉。"

【译文】孔子说："只要是主动地给我一点见面薄礼，我从没有不教诲的。"

【品读】束脩是一束一束的干肉，古代用于见面礼。孔子看重的是"自行"主动求教，束脩只是薄礼，表示礼貌求教，不是贿赂，对求教者他不会不教的。当然孔子不会对求教者主动去教诲，从《论语》中也能看出孔子的教学态度是有问才有答，不问我不答，这也是对人自愿选择的尊重，还是孔子"一视同仁"的教学态度的表现。这里要说明的是"一视同仁"不是普及义务教育，谈不上"劳动人民"送不起"束脩"而不能接受教育。孔子设讲坛、收学生是办私塾，不是公办学校。这在当时已是很伟大的了。

7.8　子曰："不愤不启，不悱不发。举一隅不以三隅反，则不复也。"

【译文】孔子说："教导学生，不到他想求明白而不得的时候，不去开导他；不到他想说出来却说不出来的时候，不去启发他。教给他一个道理而他不能类推出三个道理，便不再教他了。"

【品读】这是孔子自述其教学方法，也是从古到今遵循的基本教学原则。必须是受教者先发生困难，有求知的欲望，然后去启发他，这样教学效果才会好些。如果受教者原本就不愿意学，又不用心学，那是学不好的。教学双方意愿一致，同心协力，才有好的效果。灌输式、填鸭式，为应试而死记硬背等教学方法早该废弃。举一反三是对学生更高的要求，如若学生不能举一反三就不教了也不好，举一反二、举一反一也是可以教的。学生能反几，因为天分和态度的不同而不同，重要的是坚持启发式教学原则，要求学生养成反思的良好学习习惯。

7.14 子在齐闻《韶》，三月不知肉味，曰："不图为乐之至于斯也。"

【译文】孔子在齐国听到《韶》的乐曲，很长久的时间尝不出肉味，于是感叹道："想不到欣赏韶乐竟到了如此忘情的境界。"

【品读】孔子醉心《韶乐》不知自己。这是他学而"乐之"的典型表现，很值得推崇。

7.18 子所雅言，《诗》、《书》、执礼，皆雅言也。

【译文】孔子有用普通话的时候，读《诗》、读《书》、参加礼仪，都用普通话。

【品读】"雅言"指周王室讲话用的正音，像现在的普通话。这句话说明孔子平时说话用方言，学习和参加礼仪时用普通话以表示敬重、认真的态度。

7.19　叶公问孔子于子路，子路不对。子曰："女奚不曰，其为人也，发愤忘食，乐以忘忧，不知老之将至云尔。"

【译文】叶公向子路问孔子为人怎么样，子路不回答。孔子对子路说："你为什么不这样说，他的为人，用功便忘记了吃饭，快乐便忘记了忧愁，不晓得衰老就要来了，如此罢了。"

【品读】"发愤忘食，乐以忘忧，不知老之将至"，这是孔子对自己治学态度的描述。表明自己学习已达到最高境界"乐之"。乐而忘食、忘忧，当然连年龄都忘了。子路不说，是当着老师的面不好意思说，也怕说不好。孔子急于回答，是怕子路不能准确表述，想让人知道自己那些表现。其实，孔子在这里就是告诉人们：唯有乐之，才能忘忧，也必有收获。

7.20　子曰："我非生而知之者，好古，敏以求之者也。"

【译文】孔子说："我不是生下来就有知识的人，而是喜欢历代文化，勤奋敏捷去求学得来的人。"

【品读】禀赋是天生的，知识是后学的。孔子说自己不是"生而知之"，是"学而知之"。是想告诉人们，无论什么人都不会"生而知之"，必须经过自己的勤奋学习和实践，才能获得真知。许多人借口"生而知之"，为自己不努力学习作解释，以求自谅，这是不对的。

7.22 子曰："三人行，必有我师焉。择其善者而从之，其不善者而改之。"

【译文】孔子说："三人同行，其中一定有可以做我老师的人。我选取那些优良部分而学习，看出那些不良方面而改正。"

【品读】子贡曾说孔子没有特定的老师，意即随处都有老师。孔子不仅求教于老子，更是"不耻下问"随时求教于他人，只要是优点和知识，他就学习。若是错误和缺点，就以此为镜，自我改正。这是用别人的优缺点提升自己修养的明智之举。看清别人的优缺点很容易，认识自己很难。所以，以人为镜修正自己是提升品德操行的捷径。这里特别要提醒大家的是，一定弄清善与不善，万不可盲目崇拜、一概模仿。其实，真正的老师是自己，关键是你自己是否真心想学，是否用心去发现你要学习的东西，是否能分辨出"善"与"不善"。在这句话里的"三"不是绝对数字，"善"指的是所有对人类有益的知识和言行。

7.24 子曰："二三子以我为隐乎？吾无隐乎尔。吾无行而不与二三子者，是丘也。"

【译文】孔子说："你们这些学生以为我有所隐瞒吗？我对你们是没有任何隐瞒的。我没有一点行为不向你们公开，这就是我孔丘的为人。"

【品读】孔子用毫无保留、竭尽全力、真心诚意的教学态度对待学生，学生是不能怀疑的。"是丘也"是孔子强调自己的人格，希望学生也像他一样全身心投入学习，不要三心二意，徒有虚名，空费时日，到头来把没有学好的责任推到老师身上。现在社会上择校、择师现象十分严重，原因是家长、学生把自己的希望全部寄托在学校、老师身上。其实学习的好坏取决于自己的天资和态度，不全是外力。

7.28 子曰："盖有不知而作之者，我无是也。多闻，择其善者而从之；多见而识之。知之次也。"

【译文】孔子说："大概有一种自己不懂却凭空造作的人，我没有这种毛病。多多地听，选择其中的合理部分加以接受；多多地看，全记在心里。这等的"知"，是仅次于'生而知之'的。"

【品读】孔子认为：多闻择善而从，多见而识是仅次于"生而知之"的。如果说世上没有"生而知之"，那学而知之就是最好的学生。所谓学习不单是读书，多闻、多听也是很重要的学习方法。孔子耻于"不知而作"是告诫人们不懂不要装懂，更不要恣意妄为。遇事多听一听大家的意见，选择其中最好的建议；多看一看其他事情的变化情况，静静地想一想自己该怎么办。这就是学习的好方法。

7.33 子曰："文莫吾犹人也。躬行君子，则吾未之有得。"

【译文】孔子说："书本上的学问大约我同别人差不多。在生活实践中做一个君子，那我还没有成功。"

【品读】孔子这样评价自己，是谦虚也是实话，更是对别人的鞭策和鼓励。大家尊孔子是圣人、大学问家，孔子却说自己和大家一样，这是对大家努力求学的肯定，都是"学而知之"，都会成为大学问家的。说"躬行君子，则吾未之有得"意思是不要说圣人，自己连君子也没有达到。这句话言外之意是说做一个正人君子更难、更重要，也是要人们学以致用，注重实践，不断进取。

7.34 子曰："若圣与仁，则吾岂敢？抑为之不厌，诲人不倦，则可谓云尔已矣。"公西华曰："正唯弟子不能学也。"

【译文】孔子说："讲到圣和仁，我怎么敢当？不过是学习和工作总不厌倦，教导别人总不疲劳，只是如此罢了。"公西华说："这正是我们学生们所学不到的。"

【品读】学不厌、教不倦是孔子的一贯主张,虽然他不以圣者仁人自居,却是真真实实的身体力行,所以赢得了弟子及人们的尊崇。公西华说"这正是弟子们学不到的",其实是要弟子们努力学到、做到。

8.5 曾子曰:"以能问于不能,以多问于寡;有若无,实若虚,犯而不校。昔者吾友,尝从事于斯矣。"

【译文】曾子说:"自己有能力,有时却向无能力的人请教;自己知识丰富,有时却向知识贫乏的人请教;有学问却像没学问的人一样,满腹知识却像空无点墨一样;被欺侮,也不计较。从前我的朋友颜渊就是这样的人。"

【品读】曾子称赞颜渊谦虚好问、勤奋好学的精神,也是告诉人们天下没有全能全知的人。即使能力低下、知识贫乏的人也有可取之处。所以,人人都应有不耻下问的习惯,终归对自己会有好处。曾子在这里还是倡导孔子的"三人行必有我师"。

8.8 子曰:"兴于《诗》,立于礼,成于乐。"

【译文】孔子说:"诗篇使我振奋精神,礼节使我坚定意志,音乐使我事业完成。"

【品读】孔子的意思是说,学习"诗"、"礼"、"乐"可以激发、坚定、完成一个人高尚情趣、意志、品性、仁德的构建。但这只是个人素质的人格完成，不包括生存技能知识的学习和增长。

8.12 子曰："三年学，不至于谷，不易得也。"

【译文】孔子说："认真读书三年，而不想要去做官，这种人是非常难得的。"

【品读】孔子主张专心致学，"思无邪"。就是说，做学问要真诚，不能图谋升官发财，有私欲是做不成学问的。孔子说"三年学……不易得"是说那些学了三年就去做官的人太多了。其实，做官也是一门学问，无论干什么都是学问，都应该诚心好学，不然什么也干不好。重要的是在工作中坚持不懈地学，而且一定要学以致用。

8.17 子曰："学如不及，犹恐失之。"

【译文】孔子说："学过了还觉得好像没学好，学到后还担心忘记它。"

【品读】这是一种良好的学习状态，也是一种学习的境界。学到的知识越多，感觉疑问（未知）越多，需要学的知识越多，唯恐已经学到的知识丢失或忘记。但要注意"犹恐"不能变成惶恐，而是要坚定不移地勤奋学习。

9.4 子绝四，毋意，毋必，毋固，毋我。

【译文】孔子一点也没有这四种毛病，凭空揣测，主观武断，拘泥固执，自以为是。

【品读】不凭空揣测，不主观武断，不拘泥固执，不自以为是，这是孔子自己的治学态度。这"四绝"也是上层人物和知识分子容易犯的错误。这个译文是用贬义词翻译的。如若用中性词翻译，似乎应该译为：毋意——不要有想象力；毋必——不要相信自己；毋固——不要坚持己见；毋我——不要保持个性。这样就出问题了，孔子所不要的正是我们现在所提倡的。是用贬义词还是用中性词翻译这句话，另当别论。我们追求的治学态度应该是有想象力却不凭空乱想，相信自己却不武断，坚持己见却不拘泥，保持个性却不自以为是。这样的学习态度做到很难，但不能不努力。

9.11 颜渊喟然叹曰："仰之弥高，钻之弥坚。瞻之在前，忽焉在后。夫子循循然善诱人，博我以文，约我以礼，欲罢不能。既竭吾才，如有所立卓尔。虽欲从之，末由也已。"

【译文】颜渊感叹地说："教师之道，越抬头看，越觉得高；越用力钻研，越觉得深。看看似乎在前面忽然又到后面去了。可是老师善于有步骤地诱导我，用各种文献来丰富我多方面的知识，又用一定的规矩制度来约束我的行为，使我想停止学习都不可能。我已经用尽我的才力，似乎有所进步，能够独立地工作。就是要想再向前迈进一步，又不知怎样着手了。"

【品读】教师"学而不厌,诲人不倦",学生"仰之弥高,钻之弥坚"实在是一种极致的教学状态,尊师爱生才会有良好的教学效果。循循善诱、博我以文、约我以礼的教学方法,让学生不得不竭尽全力学习。仅这一点,孔子不愧为教师的祖师爷。

9.30 子曰:"可与共学,未可与适道;可与适道,未可与立;可与立,未可与权。"

【译文】孔子说:"可以同他一起学习的人,未必可以同他达成共识;可以同他达成共识的人,未必可以同他共同坚持;可以同他共同坚持的人,未必可以同他一起通权达变。"

【品读】孔子阐述做学问的三种境界:学习容易,共识难,见仁见智;共识容易,坚持难,人各有志;坚持容易,变通难,难在利害各异。也是说即使立志学习,也很难达到通权达变、融会贯通的境界。这样说来,真是知识没有止境,学习也没有止境。

11.22 子路问:"闻斯行诸?"子曰:"有父兄在,如之何其闻斯行之?"

冉有问:"闻斯行诸?"子曰:"闻斯行之。"

公西华曰:"由也问'闻斯行诸?'子曰:'有父兄在';求也问'闻斯行诸?'子曰:'闻斯行之'。赤也惑,敢问。"

子曰:"求也退,故进之;由也兼人,故退之。"

【译文】子路问："听到了就马上去做吗？"孔子说："有父亲兄长活着，怎么能够听到就去做呢？"

冉有问："听到了就去做吗？"孔子说："听到就去做。"

公西华说："仲由问'听到了就去做吗？'您说：'有父亲兄长活着，不能这样做'；冉求问'听到了就去做吗？'您说：'听到就去做'。我有些糊涂，大胆地来问问。"孔子说："冉求平日做事退缩，所以我给他壮胆；仲由的胆量却有两个人的大，勇于作为，所以我要压压他。"

【品读】这是孔子因材施教的具体事例。人的性格潜质是不一样的，而且往往不可改变，只能因势利导，扬长避短。作为老师就要了解学生的特质，分别用适合其个性的不同方法给予不同的教育。

13.5 子曰："诵《诗》三百，授之以政，不达；使于四方，不能专对。虽多，亦奚以为？"

【译文】孔子说："熟读《诗经》三百篇，交给他以政治任务，却办不了；叫他出使外国，又不能独立地去谈判应对。纵使读得多，有什么用处呢？"

【品读】原本孔子认为学习《诗经》得到很好的品德修养，就可以安身立命，出事应对。然而，学习不能和社会生活或者实践活动结合起来，是一点用处都没有的，纵使学得再多，背得再熟，又有什么用呢？其实，虽然《诗经》"思无邪"，也仅是诗，不能解决从政和外交活动的具体事情,这是学习内容远离了社会实践活动或学非所用的结果。人们还是要听一听"杀龙妙技"的典故。

14.2 子曰:"士而怀居,不足以为士矣。"

【译文】孔子说:"读书人若留恋安逸,便不配做读书人了。"

【品读】孔子告诫做学问或有一定社会地位的读书人,不要留恋安逸,不思进取。安逸生活为读书人解除后顾之忧,让读书人安心读书,但同时也容易使读书人产生懈怠,无所用心,荒废了学业。所以,孔子警告贪恋安逸生活的人说:那样就不配做读书人了。

14.24 子曰:"古之学者为己,今之学者为人。"

【译文】孔子说:"古代学者的学习目的在修养自己的学问道德,现代学者的目的却在装饰自己,给别人看。"

【品读】为己、为人是学者的学习目的。"为己"是说学习为增长自己的知识,提升自己的品德修养,这是孔子所主张的。现今学者只为别人"知己",不为人所用,这是孔子所批评的。以此推断孔子这句话的本意就是学以致用,不要为学而学。

15.31 子曰:"吾尝终日不食,终夜不寝,以思,无益,不如学也。"

【译文】孔子说:"我曾经整天不吃,整晚不睡,去想,没有得到益处,真不如去学习。"

【品读】这里的"以思,无益",指的是凭空臆想,对自己身边的事或问题的再三思考,而且不得其解。孔子的本意是与其不吃不睡冥思苦想也理不出个头绪来,还不如去读书,或许能从前人的书里得到启发,帮助自己思考判断。

15.39 子曰:"有教无类。"

【译文】孔子说:"任何人我都可以给他教育,没有等级、地位、贤愚等区别。"

【品读】这句话一直以来都说是孔子对学生不分类别、一视同仁的教学态度。现在也有些著名学者,引经据典说应该解释为:所有经过教育的人(有教),都可以成为没有分别的同类人(无类)。这可和原文相去甚远。现今的译义说的是教学目标或效果,也就是说孔子认为:不论高低贵贱、上智下愚、性格优劣的人都可以教育成同样"有文化、有道德、有理想、有纪律"的四有新人。这不和孔子自己的因材施教的原则相违背吗?看来,还是按原译文理解好,这里只是强调教学态度,不说目标和效果。

16.9 孔子曰："生而知之者上也，学而知之者次也；困而学之，又其次也；困而不学，民斯为下矣。"

【译文】孔子说："生来就懂得知识的人是上等人；学习后才懂得知识的人是次等人；实践中遇见困难，再去学习是再次一等的人了；遇见困难而不学习，算是最下等的人了。"

【品读】孔子依学习态度把学生分成四类（或四等），这四类学生相互可以转换。"生而知者"没有，孔子自己也不承认是"生而知之"，何况其他人呢。其他三类可以改变学习态度，"困而不学"是最不可取的下等人，这里的"困"不是指智障的人。孔子这样把学生分成四等，本意是不是要学生对号入座，以刺激学生的学习情趣，不敢妄断。但指责知难而退，不去学习的人是"下等人"是很明确的。

16.13 陈亢问于伯鱼曰："子亦有异闻乎？"

对曰："未也。尝独立，鲤趋而庭过。曰：'学诗乎？'对曰：'未也。''不学诗，无以言。'鲤退而学诗。他日，又独立，鲤趋而庭过。曰：'学礼乎？'对曰：'未也。''不学礼，无以立。'鲤退而学礼。闻斯二者。"

陈亢退而喜曰："问一得三，闻诗、闻礼、又闻君子之远其子也。"

【译文】陈亢向孔子的儿子伯鱼问道："您在老师那儿，也得到与众不同的传授吗？"

答:"没有。他曾经一个人站在庭中,我恭敬地走过。他问我:'学了诗没有?'我说:'没有。'他便说:'不学诗,便不会说话。'我马上去学诗。过了几日,他又一个人站在庭中,我又恭敬地走过。他问我:'学了礼没有?'我说:'没有。'他说:'不学礼,便没有立足社会的依据。'我马上回去学礼。只听到这两件。"

陈亢回去以后非常高兴地说:"我问一件事,知道了三件事。知道诗、知道礼、又知道君子对他儿子不过分亲近的态度。"

【品读】这是孔子对待学生一视同仁,"吾无隐乎尔"的具体事例。孔子对待自己的儿子和其他学生一样。可见孔子一视同仁的教学态度是真诚的。另外,陈亢"问一得三"的学习态度很值得推崇。"举一反三"至今仍是最好的学习方法之一。

17.3 子曰:"唯上知与下愚不移。"

【译文】孔子说:"只有上等的智者和下等的愚人是不可改变的。"

【品读】这句话不是说"上智"与"下愚"能相互转换,而是说上等的智人和下等的愚人一样都是天性,很难改的。换句话说就是天资聪慧的人和头脑愚笨的人同样不可改变,原因是天生的。然而"上智"也是学而知之,不学不知。"下愚"也不能放弃学习,坚持不懈地学习终有好处。老师和家长必须承认"上智"与"下愚"的差别，分别给予目标、方法、要求不同的教育。不能强求一类，让学生都能成为有用之才。这句话还有言外之意，就是中等的"中人"是可造之材，应分类施教，发掘其自身的潜质禀赋。

17.4 子之武城，闻弦歌之声。夫子莞尔而笑，曰："割鸡焉用牛刀？"

子游对曰："昔者偃也闻诸夫子曰：'君子学道则爱人，小人学道则易使也。'"

子曰："二三子！偃之言是也。前言戏之耳。"

【译文】孔子到子游做官的武城，听到了弹琴瑟唱诗歌的声音。孔子微微笑着，说："宰鸡，何必用宰牛的刀？治理这个小地方，用得着教育吗？"

子游答道："从前我听老师说过：'做官的学习了，就会有仁爱之心；老百姓学习了，就容易听指挥，听使唤。'"

孔子对学生们说："学生们！言偃的这话是正确的。我刚才那句话不过同他开玩笑罢了。"

【品读】这句话从正面理解是孔子用戏言"割鸡焉用牛刀"激起子游重申"君子学道则爱人，小人学道则易使也"的道理。这是孔子再三强调"学以致用"，学必有用的主张。子游学了就用于实践，这是最好的学习。"弦歌"在当时只有国君士大夫们享用，老百姓是很难听到的。孔子到了武城街上，听到弦歌，觉得很好奇，就戏言子游。从此，留下了千古名言，"割鸡焉用牛刀"。

17.9 子曰："小子何莫学夫《诗》？《诗》，可以兴，可以观，可以群，可以怨。迩之事父，远之事君；多识于鸟兽草木之名。"

【译文】孔子说："学生们为什么没有人研究《诗》？读《诗》可以培养联想力，可以提高观察力，可以锻炼合群性，可以排遣心中郁闷。浅近的道理，可以用来侍奉父母。深远的道理，可以用来服侍君上；而且会认识很多鸟兽草木的名称。"

【品读】孔子认为学习《诗经》好处多多。读《诗经》不仅可以知道鸟兽草木的名称，还能激发情趣，调节情绪；用其中的小道理侍奉父母，大道理服侍国君。所以，他告诉弟子们一定要学好《诗经》，更是强调学习终归是有用的道理。

17.8 子曰："由也！女闻六言六蔽矣乎？"对曰："未也。"

"居！吾语女。好仁不好学，其蔽也愚；好知不好学，其蔽也荡；好信不好学，其蔽也贼；好直不好学，其蔽也绞；好勇不好学，其蔽也乱；好刚不好学，其蔽也狂。"

【译文】孔子说："仲由！你听过有六种品德便有六种弊病吗？"子路答道："没有。"

孔子说："坐下！我告诉你。喜爱仁德，却不喜爱学问，那种弊病便是容易被人愚弄；喜爱耍聪明，却不喜爱学问，那种弊病便是放荡而无基础，无归宿；喜爱诚实，却不喜爱学问，那种弊病便是容易被人利用，反而害了自己；喜爱直率，却不喜爱学问，那种弊病便是说话尖刻，刺痛人心；喜爱勇敢，却不喜爱学问，那种弊病便是捣乱闯祸；喜爱刚强，却不喜爱学问，那种弊病便是胆大妄为。"

【品读】人若具有仁、知、信、直、勇、刚六种优秀品德，却不喜爱学习就会生出愚、荡、贼、绞、乱、狂六种弊病。孔子再三强调学习在坚守优秀品德、避免产生弊病时的关键作用，这里的"不好学"是不喜爱学习，懒得思考的意思。通过学习，人们明辨是非以求中和，避免了因偏执过激以致美德衍生恶德等不合理的现象。

17.19 子曰："予欲无言。"子贡曰："子如不言，则小子何述焉？"

子曰："天何言哉？ 四时行焉，百物生焉，天何言哉？"

【译文】孔子说："我不想说话了。"子贡说："您假如不说话，我们还有什么可以传述的呢？"

孔子说："天说了什么呢？ 四季照样运行，百物照样生长，天说了什么呢？"

【品读】孔子认为，当老师的没有必要总给学生讲述，当学生的也不必要总是听老师讲述。即使老师不讲，学生也应该能学好。只要用心观察，体验时势万物，就能悟出其中道理。大悟不存师,朱熹的"格物致知"是有一定道理的,王阳明的"知行合一"、陶行知的"教学做合一",即行在知中、知在行中是完全符合学习规律的。实践出真知正是学习之"道",试问,如今当县长、市长、省长的人都是哪个学校毕业的?肯定地说他们都是"社会实践大学"造就的。

19.5 子夏曰:"日知其所亡,月无忘其所能,可谓好学也已矣。"

【译文】子夏说:"每天知道所未知的,每月复习所已能的,可以说是好学了。"

【品读】子贡说日知月能就是"好学"。具体地说"好学",即日复一日,月复一月,持之以恒,不能间断。同时也要求学生每天学习新知识,每月都要复习已学会的知识,这样才可以达到温故而知新的效果。

19.6 子夏曰:"博学而笃志,切问而近思,仁在其中矣。"

【译文】子夏说:"广泛地学习并坚守自己的志趣;恳切地发问并多考虑当前的事情。仁德就在其中了。"

【品读】这里的"志"是指仁的实现,子夏的本意是博学而不杂乱,不偏离目标;切问要围绕当前实际,不能胡思乱想。子夏强调学习要有目标，重在解决当前实际问题。

19.7 子夏曰："百工居肆以成其事，君子学以致其道。"

【译文】子夏说："各种工人居住在其制造场所来完成他们的工作，君子则用学习来获得'道'理"。

【品读】子夏把"肆"和"学"放在同样地位，是说君子致其道必须学习，这与百工成其事必须做工是一样的。这里重点强调学习的重要性，而把"学"比作"肆"也有在实际生活工作中学习的意思。

19.13 子夏曰："仕而优则学，学而优则仕。"

【译文】子夏说："做官了，有余力便去学习；学习了，有余力便去做官。"

【品读】这句话是阐述学习与工作的关系，不能错误地理解为学习是为了做官，做官才要学习。他认为学习与工作（做官）不能分离。在实践中学习，才能增长知识，增进才干。用现在的话说，要树立学习型人生、学习型社会的观念。

19.22 卫公孙朝问于子贡曰："仲尼焉学？"子贡曰："文武之道，未坠于地，在人。贤者识其大者，不贤者识其小者。莫不有文武之道焉。夫子焉不学，而亦何常师之有？"

【译文】卫国的公孙朝向子贡问道:"孔仲尼的学问是从哪里学来的?"子贡说:"周文王武王之道,并没有失传,自然还散在人间。贤能的人便抓住大处,不贤能的人只抓些末节。没有地方没有文王武王之道。我的老师何处不学,又何必要有固定的教师专门地传授呢?"

【品读】子贡称赞自己的老师的治学精神,是告诉人们学问到处都有,学多学少、学好学赖依各人的才能而不同。随时随地做到"择其善者而从之,其不善者而改之"便是有师了,正因为如此,求学不必有常师。尤其在当今社会,学习无处不在,无时不能,勤学将成为人的第一需要。这句话还说明孔子及其弟子尊崇"文武之道",孔子曾称颂周文王、武王之道是至德。

跟着老师学《论语》

——读梁瑾先生著《回归心灵的安乐》

梁瑾先生是我在玉泉中学高中时的班主任老师，后来的县区教育局局长。高中毕业至今，差不多30年的时间过去了，面对这本近10余万字的《回归心灵的安乐》，"子在川上曰：逝者如斯夫"的感觉油然而生！

然而，我更为好奇的是：老师修的是"史学"，为什么要如此精细地研读和品评记述了孔圣人言论的《论语》呢？以我对老师的了解，绝非是出于从工作岗位上退下来后的百无聊赖和无所适从，更非出于如他所说的深夜难以入眠的无奈和熬煎。梁老师对我说，"编辑本书的意图是帮助人们特别是青年朋友们，通过对孔子部分语录的阅读，了解儒家思想，继承优秀传统思想，培养优良道德品质。"著作的立意之高远、主旨之明确、问题意识之浓烈、症结把脉之准切，使我从内心深处惊赞："好一个梁老师！"

当今社会，举目望去，滔滔滚滚的商品大潮荡涤着人们的心灵。从学理上讲，"功利性"是商品经济或市场经济的基本特征，人们出于"谋生"的需要，不得不在"金钱"面前低头、折腰，于是便有了感伤主义者"世风日下、人心不古"的慨叹。更有那些"资本先生"们，在"赢利"动机的驱使下，为了追求货币，将其他人统统当作手段和工具。资本强力冲击，不仅深刻地改变着我们的思想观念和思维方式，而且深刻地改变着我们的生活方式、生产方式和社会秩序。以资本为敌、拒资本于国门之外的刚毅已成昨日的回忆，但一味地迎合资本，甚至被资本摆弄于股掌之间，已然使我们付出了惨痛代价。

因此，学习《论语》的现实意义是不言而喻的。梁瑾先生的著作虽然没有严格的文字考证，也不是逐字逐句的严密注解和阐释，但是，由于他把《论语》紧紧结合当下的生活状况，从理解和反思种种苦恼人的现实问题出发审视儒学典籍，因而有着极强的现实针对性，充分地展现了儒家思想的当代价值。例如，孔子要求其弟子"入则孝，出则弟，谨而信，泛爱众，而亲仁，行有余力，则以学文"。就是说，要注重生活实践，首先学会如何"做人"，然后再解决"掌握文化知识"的问题。但是，"现在中国的教育亟待改革，应试教育导致学校、家长看重的是文化知识的应试成绩，忽视了最基本的品德修养的常识教育，而且把孩子圈在校园，几乎与社会实践生活隔绝，这很容易导致学生素质畸形发展，重视了知识，忽视了素质。"又如，在孔子看来，"君子居之，何陋之有？"只要有"君子"居住，房子就不会显得"偏僻"和"简陋"。梁瑾先生由此联想到，"人们选择居住的地方，不能只向往繁华都市，选择适宜自己的生活、工作、学习的地方就可以了。心不闭塞，人就通达四方；人有文化，室就富丽堂皇。尤其现在是信息社会，一室天下通，何陋之有！"除应试教育和城市居住这样的问题外，梁瑾先生的著作中还有许多关于学生择校、学习型人生和学习型社会的建设、环境破坏，甚至是干部选拔任用机制等现实问题的思考。

不可否认，《论语》对"人"提出的一些要求是蛮高的。例如，孔子没有一点行为不向弟子公开的"无隐"境界，"二三子以我为隐乎？吾无隐乎尔。吾无行而不与二三子者，是丘也"。又如，颜回在清苦生活中坚守道德情操的"安贫乐道"精神，"一箪食，一瓢饮，在陋巷，人不堪其忧，回也不改其乐"。再如，孔子所说的能够把道德行为都做到恰到好处、适宜、中节的地步的君子品格，"君子义以为质，礼以行之，孙以出之，信以成之。君子哉！"对此，梁瑾先生不无无奈地说："什么'君子哉'，这可以说是完人了。孔老师呀，您老人家做到了吗？如若您也没有做到，那大家共同努力吧！"我认为，梁瑾先生的品读非常实在，讲的都是些真心诚意的"大实话"，而不是糊弄人的"假话"、"大话"和"空话"。实际上，修到"君子"的境界，对一般人而言是极难的事情。但是，我们应该对具有君子品格的人心怀一份敬意；应该把它作为一种奋斗目标，终生努力，即使没有达到，也应从中悟出一些基本的人生道理来；或者，无论是谁，只要有一种君子情怀，只要努力了，他就总会获得或展现出某种君子般的美好人格来。这样看来，世间本无"君子"，"君子"之谓不过是圣人贤哲为构建具有中国特色的和谐社会而立下的一些为人处世的"规矩"和"标准"的总称。

依我之见，富有创意而不牵强，风趣幽默而不落俗，使得梁瑾先生的著作在思想内容和语言风格上，并不逊色于甚至在某些地方还超出了市面上流行的一些同类书籍。例如，对子夏"百工居肆以成其事，君子学以致其道"一句的解读："孔子把'肆'和'学'放在同样地位，是说君子致其道必须学习，这与百工成其事必须做工是一样的。这里重点强调学习的重要性，而把

'学'比作'肆'也有在实际生活工作中学习的意思。"又如，对孔子"畏天命"思想的解读："畏天命，就是敬重（天道）宇宙自然规律。自然规律的探索又是无止境的，孔子自己说'五十而知天命'，其实是说他五十岁才知道自己该做什么，能做什么，不做什么，并不是说他完全了解宇宙自然的规律。人不知天命，什么事都能干得出来，结果是害人害己。一旦'人有多大胆，地有多大产'、'人定胜天'的意识占了上风，大自然对人类的报复就会显现。"再如，对孔子所谓"侍于君子有三愆"的解读："所以，孔子一再要求'慎言'。如果实在没有把握表达好，就少说或不说，用沉默来表示，所以'沉默是金'是很有道理的。说句玩笑，庙里的神像为什么几千年来进香者不断，就因为它从不开口说话，谁也不知道它葫芦里卖的什么药，永远不得罪人，落得个圣贤的好名声。"这些解读大大地增强了著作的思想性和可读性。

当然，我们必须看到孔子其人和《论语》本身的历史局限。孔子的一些观点未必正确。如，孔子倡导"出门如见大宾，使民如承大祭。己所不欲，勿施于人。在邦无怨，在家无怨"。梁瑾先生对此就提出质疑："自己不喜欢的事物，不要强加给别人。那就是说自己喜欢的事物可以强加于人吗？显然，施与人的事物若以自己的好恶为标准，这种人不是仁者。如果明知是有害于别人的事再强加于人，那是害人；如果是有益于别人的事也要说服别人接受，不能强迫。""在邦国、在家里都没有一个人怨恨他，那他一定是一个可有可无、无所作为的人。如果一个国家里都是这样的'仁人'，那这个国家还有希望吗？"没有学生反对的老师，肯定不是一名好老师；没有群众反对的干部，也肯定不是一个好干部。特别是，《论语》所竭力维护的，是一种"君臣父子，孝弟忠信"的严格的等级秩序和观念，所着力渲染的是被柏杨先生称之为"酱缸文化"的严重的官本位意识。还有，《论语》对"妇女"和"下人"（劳力者）怀有明显的偏见。因为，"孔子在'君子'与'小人'的定义中，多以道德品质、言行修养作为标准加以区别，一般不包括下人（劳力者）、女人"。这些都决定了，所谓"半部论语治天下"的时代已经一去不复返了，"人类21世纪是儒家的世纪"也不过是痴人说梦。诚如梁瑾先生所言："领导依等级、守名分没有错，但过分强调等级名分，也会造成不平等的心理，使人性压抑，缺乏灵性活力。"在高扬"自由"、"权利"和"民主"的今天，要充分发挥《论语》的社会作用，有效医治各种文明病症，就必须实现传统"儒学"的"现代转化"。

无论如何，像《论语》这样的经典，是人类宝贵的精神财富，更是中华民族的文化之根，它如同血液，流淌在每一个华夏子孙的血脉中，塑造着我们的思维方式、审美情趣和价值取向。一位朋友曾对我讲：现在的年轻人，从小学到中学到大学，几乎有一半的时间花费在学习英语上，英语讲得倒是"呱呱响"，可一说中文就"磕磕绊绊"起来，连基本的文法都不知道。所以，作为中国人，还是应该好好学习《论语》。诚哉，斯言！

需要说明的是，我的专业方向不在儒学，对"原始儒家"更是一个门外汉，与《论语》的会面，也已经是20多年前的事了。今日，在梁瑾先生的引导下，再一次走进孔子的思想世界，感受至深的是厚重的师生情谊和浩荡师恩。至于以上所言，权作跟着老师学习的一点心得体会，不当之处在所难免，还望广大读者批评指正！

最后，衷心地祝愿我的老师梁瑾先生及全家健康、平安、幸福！

清华大学马克思主义学院教授、博士生导师　王峰明

从《回归心灵的安乐》中品读梁瑾先生

春节前夕,梁瑾先生把他编著的品读《论语》而得的《回归心灵的安乐》一书发给我,嘱咐我提出批评意见和修改建议。《论语》是国人皆知的儒家经典著作,据说是由孔子的弟子及再传弟子编写,记录孔子及其弟子言行的一部书。作为一部优秀的语录体散文集,《论语》含蓄隽永,夫子教诲之言或言简意赅,或启发论辩。孔子是中华文化的杰出代表,是世界级的哲人,从职业上讲,孔子无疑是我们教师这个行业的"祖师爷"。特别惭愧的是,我虽然喜欢孔子的著述,也喜欢不时地引用《论语》的只言片语,但对于整部《论语》的主旨、立意却属于一知半解、囫囵吞枣。究其原因,借用《论语·子张》中的一句话说,"夫子之墙数仞,不得其门而入"。阅读梁瑾先生的《回归心灵的安乐》,我仿佛穿越了时光,回到20年前,跟随老师重新学习了一遍《论语》。

当下的中国社会中弥漫着"孔子热":周润发主演的《孔子》引发人们的热议;讲解《论语》的学者于丹走红大江南北;海峡两岸乃至韩国等世界各地都举行祭孔仪式;体现中国软实力的"孔子学院"在全球范围内生根发芽、开花结果。我本人是研究国际政治的,近年来的研究侧重于气候变化问题的国际合作。全球变暖问题一直是科学界争论不休的话题,进而引发了政治领域的论争与国际道德层面的追诉,这一点已经日益为人们所辨识。全球变暖的语境当中包含着一个复杂的多重问句,即谁为了什么在谁面前按照哪些标准承担何等责任？人们逐渐认识到，要想回答上述问题，首先要在全球普遍的道德律令上找寻具有某些普世价值的立足点。无论是发达国家还是发展中国家，在气候问题上的逡巡不前，究其实质，乃是对自身经济前景的担忧：因为防止全球变暖而采取的行动必然要带来沉重的经济成本，抑或改变收入分配格局，以及影响人们早已习惯的奢侈的生活方式。对于上述问题的解答，许多国际学者（譬如德国的孔汉思等人）把目光投送到孔子身上，因为孔子说过一句话，"己所不欲，勿施于人"。大意是说，自己不希望他人以某种方式对待自己，那么自己也不要以同样的言行对待他人；或者说，自己所不喜欢的事物，便不要强加给别人。很多中国的学者（比如南开大学的刘泽华教授）认为，这句话以及"己欲立而立人，己欲达而达人"是孔子整个思想当中最富有光彩的地方，因为它在理论层面把所有人置于平等的地位，强调了个性的平等和独立。许多国际学者更是把这句话推崇为全球道德的黄金律。那么，从哲学层面追问，孔子所说的"己所不欲，勿施于人"的道德黄金律是否可以成为普世的或者全球的伦理？

之所以有类似的问题，完全是因为我们必须面对的一个尴尬场景：道德黄金律在全球变暖问题上处于严重的失语状态。从国际政治的角度来讲，"国家利益至上"的原则与"己所不欲，勿施于人"的道德黄金律在全球变暖问题上互相割裂开来，甚至严重对立。那么，道德黄金律是否可以作为干涉其他国家（包括发达国家、发展中国家）经济发展模式的伦理依据？如何辩证分析、把握彼此间的割裂？如何在全球变暖的语境下，在国家之间追求利益的同时为解决全球公共问题注入道德哲学的基底？问题的答案首先在于，道德黄金律是否真实存在？这个问题又分为几个方面：第一，道德黄金律是否具有逻辑自洽性？逻辑上是否站得住？如果逻辑上自洽，就必须符合可普遍化原则，因为只有能够通过"可普遍化原则"的检验的规范才是合乎道德的规范，所有的道德规范都必须是普遍的规范。第二，通过"可普遍化原则"检验的只是形式的、逻辑的论据，而仅仅在逻辑上自洽的基础上并不能保证可以建立一种实质性的正义。具有逻辑自洽性是否一定具有实践理性？实践中是否行得通？即是否可以带来好处？第三，国际关系的历史能否为道德黄金律的真实存在提供证据？正如萨特所言，任何普遍的道德原则都是不存在的，因为主体的道德行为具有绝对的自由性，但没有客观性；主体的目的享有至上的地位，却缺乏目的的相互性；道德主体具有绝对的超越性，却完全失去了共同主体性；剩下的只是单个主体的主观性、主体间的相互否定性和主体行为的盲目性。

  人类生活必须在某种共同体中实现，而共同体可以有不同的形式。人们共同生活的条件从来不是一成不变的，同样，生活中所要求的、体现的道德、美德与原则也是随着时代的不同、地点的不同以及生活形式和方式的不同而有所不同。具体的道德规则取决于作为社会生活基础的各种观念和价值、共同知识和共通的理解。只要有生活存在，只要有人类的共同体存在，就必须有某些道德原则，比如社会责任原则和伙伴关系原则。社会交往的第一道德不是平等而是认可对方的存在，认识到对方如同自己一样真实地存在，这是交往的元假设，即 recognition 问题。道德黄金律不要求互动的双方彼此有什么义务和责任，如果交往想要持续下去，你必须认识到对方与你自己一样真实地存在，尽管你可以歧视对方。既然对方像你自己一样真实，那么，对方跟你自己一样，也有所欲和所不欲的事情；由于你不知道现在与你交往的对方是否比你弱小或者强大，更不知道将来交往的是否比你弱小或强大，从"无知之幕"的原则出发，"己所不欲，勿施于人"也就自然是相互交往的法则，从这个意义上讲，道德黄金律仅仅是人类彼此交往的最弱意义上的一致。道德黄金律是社会群体之间交往的必然要求，全球化的发展推进，"撕碎"了国境线，把本地与外来的东西掺杂在一起。日常生活也成为世界性的了，人们在行为方式和对生活的理解上必然要与其他国家民族的人进行交流，不可能单纯地、排外式地在内部互动。

从这个意义上讲，孔子不仅仅是中国传统的，也是当下的，更是世界的。

回到《回归心灵的安乐》上来。20多年前，在我读高中的时候，梁瑾先生是我的校长，也是我的历史老师。记得当年，他为人处世非常有原则，有相当的权威，几乎所有年级的学生，甚至大部分老师都"害怕"他，或许我是一个例外。20年弹指一挥间，梁瑾先生连任校长，之后升任教育局长，最后退休，经历了潜心攻读、教书育人、施政致仕的循环。苏辙说："文者气之所形，然文不可以学而能，气可以养而致。"这部《回归心灵的安乐》是梁瑾先生多年来潜心读书、醉心育人、热心事业的心得体会，字里行间无不渗透了他个人的品行与意境，抒发了他对社会事务的看法与做人的总则。梁瑾先生的行文时而诙谐幽默，时而咀嚼沉思。这其实正符合他本人的个性:他属于那种外表冷漠而内心火热的人。了解他的人,觉得他内心火热,富有正义感,且从不排斥与别人的交往。

《回归心灵的安乐》写到,子夏曰:"仕而优则学,学而优则仕。"梁瑾先生的看法是,孔子这句话是阐述学习与工作的关系,不能错误地理解为学习是为了做官,做官才要学习。他认为学习与工作(做官)不能分离。在实践中学习,才能增长知识,增进才干。用现在的话说是树立学习型人生、学习型社会的观念。这样的品读,是梁瑾先生的真实心理,也是他关于入世与入仕的态度。关于读书与做官之间如何抉择,梁先生当年曾与我对话多次。梁先生的意见是,读书求学、教书育人是功在当今利在万世的好事,但是有能力不妨去做做官。因为做官也未尝不是一种学习过程和方式,而且可以更有效率地推广自己的理念,是一种广义的育人过程。梁瑾先生爱好读书、醉心教育,却从不回避从政。

《回归心灵的安乐》写到,子曰:"默而识之,学而不厌,诲人不倦,何有于我哉?"梁瑾先生的品读如下:"默而"是默默思考,不轻易乱说;"不厌"是要坚持到底,不要半途而废;"不倦"是要真心诚意,不要随意放弃。"默而识之,学而不厌,诲人不倦"是一个教育工作者必备的基本素质。所以,孔子说自己做得不错,也没什么可骄傲的,这只是孔子树立的教师形象或者说知识分子形象。从梁瑾先生的解读完全可以看出他的谦逊,更可贵的是冷静。他并不因为自己是教师就故作高深,作"捻须沉吟"状,而是把教师定位为一种职业,一类群体,并不随意拔高，更不异化。自古以来，由于种种原因，中国人对于教育异常重视，因而对于教师的职业也就不断拔高、神话。其实神话就是异化，就是不把教师当作正常人或者普通人来看。教师群体也经过几千年的文化浸润、熏染，自我感觉也非常良好，总觉得教师异于常人，必定是"铁肩担道义，妙手著文章"的群体，必定有"先天下之忧而忧，后天下之乐而乐"使命。梁先生的解读，让孔子回归，给大家一个真实的事物。其实孔子本人也非常厌恶当时的所谓学者模样的人，《回归心灵的安乐》写到，孔子说古代学者的目的在修养自己的学问道德，现代学者的目的却在装饰自己，给别人看。

梁瑾先生退休了，而作为教师的我，继续在象牙塔中辗转反侧。久居都市，整天为争项目、做课题、编文章而忙忙碌碌、浑浑噩噩，简直是"焚膏油以继晷，恒兀兀以穷年"。恍然之间，即将进入不惑之年，却感觉失去了年少时代的梦想，开始了从未有过的困惑，甚至恐慌。真正是，少年不识愁滋味，为赋新词强说愁，如今识得愁滋味，欲说还休，欲说还休。子曰："知之者不如好之者，好之者不如乐之者。"意思是，"对于任何学问和工作，懂得它的人不如喜爱它的人，喜爱它的人又不如以它为快乐的人。"这也是学习，甚至工作的三个依次而高的境界，"知之"是出于生活需求，不得不学；"好之"是出于情趣爱好，自愿学习；"乐之"是无求于欲望，只收获快乐的学习。今天，虽然满大街都能听见"我快乐，我工作"、"我快乐，我学习"、"我快乐，我生活"的话语，但实际上这样的快乐只停留在口头上，人们的学习和工作大多都是功利性的，能有什么真正的快乐呢？能达到"知之"就行了。

  无论是梁先生还是我自己，都无限景仰孔子所说的"仁者"之道，也无限敬仰孔子所说的贤人，可谓"高山仰止，景行行止。虽不能至，然心向往之"。我想，大千世界芸芸众生，大都做不了大忠大奸的人，也经不了大是大非的事，无非是为小恶、为小善而已矣。其实呢，退而求其次，做一个无意之间为小恶，有意之间为小善的人也就相当不错了。孔子不是说了吗，"不践迹，亦不入室"，善人之道而已矣。

王学东

2012 年 3 月

于中山大学康乐园

回归心灵的安乐

读《回归心灵的安乐》之感悟

去年4月，梁老师到我的办公室，和我谈了一些有关他对传统文化的看法和观点。因为与我从事的文化管理工作有关，所以我对先生的谈话非常感兴趣。不久，他将自己撰写的《回归心灵的安乐》以电子邮件发给我。我在工作之余认认真真系统地拜读了一个多月。近一年来，我经常从电脑里调出老师文章的某一段，对照当下的一些现象细细品读和理解，受益匪浅。

前几天，梁老师给我布置了个"作业"，让我谈谈对其文章的见解，并且要求要"实话实说"。说实话我和我的许多同学从读高中到现在30多年，一直崇拜梁老师"学为人师，行为世范"之境界。当我读了老师的《回归心灵的安乐》后，才稍微明白老师修炼"我"的门道。宋罗大经在《鹤林玉露》中记载，宋初宰相赵普，每决大事，启文观书，乃《论语》也，人称"半部论语治天下"。老师品读《论语》几十年，修到了让我们这些"知天命"之年的学生敬佩的学识与品行，当然是情理之中、不言而明的事了。

读了老师的《回归心灵的安乐》，我确实不敢谈什么见解，只能是为了完成"作业"而谈谈自己学到了什么，在认识世界、体悟人生、为人处世等方面有何感悟而已。

人生在世，有好多不愉快、不平等的事情，唯独生与死是人人平等之事，喜怒哀乐是自我境界高下之差异的主观感受。人从哪里来，要到哪里去，这是各门宗教研究的问题。人生一世追求安乐，

读《回归心灵的安乐》之感悟

更是几千年来,人人求之不得的难事。"回归心灵的安乐"一语道破人生寻求幸福、平等的捷径之途,一语道破修道者修行的方法与路线。

"心灵"在何处,如何"回归"？老师在品读《论语》中,以圣人之理,自己之悟,当下之事,深入浅出地给出了答案。

"品读"中说:"人离开人的本性——'仁'是什么事也做不成的。"可见,"仁"是人之本性。假如一个人失去了"仁",那就等于失去了人的本性,更谈不上"爱",这是一件多么可怕的事情。《回归心灵的安乐》将"仁爱"放于首篇,就是要人们识本、知本、求本,从本上做起。禅宗强调"明心见性,见性成佛",就是这个道理吧。"仁者,人也；人者爱也。"将"仁"体现在爱中,让爱真正成为"仁爱"这是老师真正的用心。他在文中写道:"让世界充满真爱,让人们能发现自身的美德,获得心灵的自在、安宁和自乐。这是从孔子开始至今所有人的企盼。"更是老师的企盼。

"品读"中说:"一定要喜欢好人,而不憎恨坏人。""世间只有好事与坏事之分,没有好人与坏人之别","厚道是人类社会最值得尊崇的民德风尚之一。宽厚待人,相互包容才能使人们共存共荣。"这是在教人们学会宽容。喜欢好人,这人人都可以理解,但不憎恨坏人,这是人们不太容易接受的。仔细分析,人活在这个世界,总要做些事情,完全尽如人意的有多少,完全符合自然规律的又有多少,有些甚至是错误的。我们要把好人坏人看成是台上的演员,扮演着不同的角色,其作用都是在教人学好。好人是我们的老师,他给人们示范着如何行善积德的行为和福缘善庆的善果；所谓坏人也是我们的老师，他在给人们表演着什么事不该做和祸因恶积的因果。"品读"中说，"憎恨是一种不良情绪，会使对立双方都不愉快"，"人生太短，没有必要浪费时间和精力憎恨任何人"，"最好把别人的缺点和错误当作精神营养，吸取他们的教训，丰富自己的阅历"。人生在世总要做些事，我们要在愉快中集中精力去做事，这样的心境下做事，成功率会更高些。

我把老师上述观点简称为"无好无坏"，但绝不是无是无非，或是非混淆，或真伪不辨。在"品读"中，老师也给出了判别是非真伪的标准，那就是"要以诚、信、义为标准去辨别真伪，不能以自己的好恶去判断"。诚，即诚实，就是实实在在，真心实意，语言与内心的一致；信，即信用，就是实践成约，取信于人，语言和行为的一致；义是指公正合宜的道理或举动。并且，他多处强调了这个标准的意义。他说，"信用是人的第二张身份证，无信用之人，终遭人唾弃。人是群生动物，特别讲究团队合作精神，人们相互之间缺乏起码的信任，何谈什么共存共生"，"只有能长期做到真诚守信，表里如一才能得到人们长久的信任和赞扬"。

《孝悌篇》开篇题目是"百善孝先感恩世界"，老师用13篇品读来诠释这个话题。这个话题对当今社会，尤其是对许多生活条件优越的独生子女而言确实有用。这些孩子从出生到成人，在家庭，父母只怕孩子吃苦，在物质上能满足孩子的尽量满足；在学校，从小学到高中接受的是较为单一的应试教育。所谓的"素质教育"无论是在家庭，还是在学校几乎是空白。梁老师在《修身篇》中这样写道"应试教育导致学校、家长看重的是文化知识的应试成绩，而忽视了做人最基本的品德修养的常识教育，而且把孩子圈在校园，眼不离课文、手不离作业，几乎与社会实践生活隔绝，这很容易导致学生素质畸形发展，重视了知识，忽视了素质"，"应试教育和孔子教育思想是相悖的。可以说是一种本末倒置的教育，是违背人的成长规律和教育本质的"。多年来教师队伍"师德"滑坡，特别是部分教师"有偿补课"，部分学校高费招生等，一切用金钱来结账的现象，潜移默化地在孩子们的心目中形成了一种"别人为我所做，都是理所当然"的自私自利的观念。长此以往，势必将人与人的关系金钱化、庸俗化。在如此观念和关系支配下，心底如何发出感恩？老师在文中所倡导的"人首先要孝敬父母、关爱亲人、善待他人，更要感恩这个世界"的愿望如何实现？由此看到梁老师重视这个话题并详细品读的良苦用心。

　　我对老师的"品读"感悟还有许多，概括起来是，学会仁爱，心则安逸，心安则万事安；学会宽容，心则清净，心净则智慧显；学会真诚，心则无邪，心正才能修身；学会感恩，心则善良，心善则人和。所以，今后我们要在"仁爱"、"宽容"、"真诚"、"感恩"这几个方面下功夫，努力完成"回归心灵的安乐"这个人生的大作业。

山西省阳泉市文联副主席李银苟

2013年5月5日

回归心灵的安乐

跋

　　父亲对《论语》的学习开始于他的大学时代，自20世纪90年代对其细致甄选品鉴，直到2000年才整理出版其心得《论语选编》。再十年后，父亲退休，用两三年时间重新品读《论语》，对《论语选编》进行了全面校订和增补，目前呈现在读者面前的就是父亲研读《论语》30多年的心得。《论语》伴随父亲走过"不惑"之年（40岁），经历了"知命"之时（50岁），也自然而然地过了"耳顺"的花甲之期。而此时我刚刚到"而立"之年（30岁），开始在大学教授和研习中外古典哲学，今年也将开始关于《论语》的教学和写作。

　　人生没几个30年，我成长的过程，也正是父亲品读《论语》的过程，我所受的教育，便是父亲从《论语》中品味出和贯彻下来的教育。记得我14岁时一个周末的早晨，父亲叫我起床，我有点想赖床，于是父亲便引用《论语》中批评"昼寝"的话，说我是"朽木不可雕也，粪土之墙不可杇也"，虽然我不懂具体意思，但听得懂"朽木"和"粪土"不是什么好的评价，加上平时已经在和父亲一起探讨《论语》中的一些条目，所以一方面觉得冤枉，另一方面又感到羞愧，最终哭了起来。当然，后来父亲少不了安慰一翻。与父亲一起品读《论语》的情景历历在目，《论语》对我们家庭生活和教育的影响也可见一斑。

　　究竟是我们在读《论语》还是《论语》在读我们，这是个问题。一般人以为《论语》不过是部古书，我们可以超脱它，来打

跋

量、批评甚至改进它，但经典之所以为经典恰恰不是因为我们都在读它，而是因为它决定性地规定了我们。作为中国人的我们，一旦出生，便天然地生活在儒家思想主导的家庭和社会中，儒家思想已经深入生活、思想和行为的方方面面，我们被它扎扎实实地影响着，我们根本没有能力"跳出来"。因此，要"成就自己"只有深入"自己"，而"自己"又不光是一个血肉之躯，最重要的是"精、气、神"，只有深入这些决定我们精、气、神的精神传统，才可能深入自己，成就自己。

但由于传承和教化的原因，《论语》给民众的印象有很多被扭曲的地方，特别是近代。举个最简单的例子，我们所谓"三思而后行"恰好是《论语》中反对的，孔子认为"再思可也"，反对反复思虑事情的得失。因此每个时代，人们对《论语》的品读都是鉴定那个时代精神层次和状况的风向标，父亲用30年的心得诠释的是他自己努力交出的答卷，也是他自觉总结和提升我们时代精神的努力，这种努力人人都有，或多或少，形式不同而已，哪怕人们在污蔑《论语》，但这又与圣言有什么关系呢？就像小人对君子的辱骂丝毫不会损伤君子，而是反衬出小人自己的可鄙嘴脸一样，对《论语》的扭曲污蔑不会对它有任何的影响，只是反映出一些人的可悲境地：许多人已经无法理解我们赖以生存的精神传统，进而无法理解自己，无法回归自己。因此，回归对《论语》的品读和传承，就是回家和回归自我的历程。

当我们年纪逐渐增长，我们不是老去，而是归去，回到那个我们出发的地方。就精神而言，《论语》就是我们中国人的生命源泉和归宿，那几乎是我们唯一的精神家园，因此我们越是回到自己，就越能理解《论语》，同样的，我们越是回到《论语》，也便越能理解我们自己。

我们一次次出发，一次次努力，一次次离开自己又回到自己，《论语》一直相伴左右，它规定着我们的想法，哪怕是反对它也都同时是在受它约束，现在的问题是如何与我们自己和解，而不是对立，如何更好地认识自己，回到自己，而不是出离。所有"出省"、"出国"、"出家"，都是在出离自己，不愿意与自己相处，所有对《论语》的反抗，都是在反抗自己。

是和解的时候了，让我们读读《论语》，享受回家的安宁，《回归心灵的安乐》是回家路上的小小路标，最终我们必须自己回来，作者的努力不在于给人抛出真理，而在于给探寻真理者指示路标，人们要用自己的眼，自己的心，去看、去听、去探索。

子　梁中和

于四川大学哲学系

2011 年 2 月 10 日

附录一　《论语·学而》首章阐微[*]

子曰："学而时习之，不亦说乎？有朋自远方来，不亦乐乎？人不知而不愠，不亦君子乎？"

我们选择这章精读是有理由的，首先是承认《论语》编撰的顺序的特殊意义，其次是努力追寻这种意义在"己"的显现，最后回归这种意义的永恒性。我们在本文中将进行文本互释，考虑每个字在整部《论语》中的意思，结合在其他地方出现的字意对首章的用字进行阐释，以期探寻一条解释经典的可能路径。

一　释"子"

据杨伯峻先生统计，"子"在《论语》中有375次特指孔子，其他指子女、对人的敬称等数十次。当特指孔子时又可以看出三种口气：一是孔子门人们对自己的学生讲自己老师思想时称为"子"，即"先师"、"我的老师孔子"；二是孔子门人们的学生回忆起老师讲述孔子思想言行时称为"子"，即"先师孔子"；三是孔子门人间相互印证时用的称呼。第一种口气是表达出门人对老师的敬意，门人以自身对孔子之言的体认来展示给自己的学生，是将已有得而与人共享；第二种是孔子门人的学生等直陈孔子之教的意向和行动，孔子之语此时已然成为传递下来的智慧之言、

---

[*] 作者：梁中和，四川大学哲学系教师。

大道之音，学生们以聆听的姿态说出此语，这里是将包括其师在内的所有尊信孔子者拉入同一境域中领会；第三种是孔子门人间在孔子不在场或不在世时相互印证所学时深有体会后忆及的箴言，这些箴言在一同听到的门人间可以直接相互印证，在间接听到的门人间可以传递智慧。

无论如何，弟子们将《论语》第一句就安排此语，必是认为有不得不以此为首的原由，或为孔子强调或为门人深得，或是时所共鸣最强最迫切者。而这里的"子"与后世读者又建一语境，后学对先师的尊敬表达了"我"对此道传承的自觉献身，这时说"子"便贯通古往今来，直入同一涌动的命脉中。

二 释"曰"

"曰"有两个意思：一为"说、道"，一为"叫作、为、是"。要和"谓"相区别，谓有三意：一是"叫作"[①]，二是"说给某某听"[②]，三是评论、谈到等[③]。

"曰"在当时讲话时并非今人理解的单纯的物理上的空气震动传给别人声波，而必是承载了道音的，可解为"按先师孔子对道的体会他会说出这样的话"。"曰"和"子"相应也有不同的使用方法：一是孔子门人们对自己弟子说"子曰"时，自己心中浮

[①] 如"吾必谓之学也"（1.7）——括号内标码取自《论语孟子引得》，洪业等编，上海古籍出版社，1986。必要时标出杨伯峻《论语译注》，中华书局，1958年版编码，下同。

[②] 如"或谓孔子曰"（2.21）。

[③] 如"孔子谓季氏，八佾舞于庭"（3.1）。

现先师音容笑貌及整个语境处境，在回忆中亲切地说给弟子们听。首先是自身处于当时处境中，其次以自身深陷其中而使弟子们看到听到感受到那种语言带给人的境界，从而愿与老师一同去体味。二是孔子门人们及其再传弟子们说"子曰"，这里的"曰"字如大道开口，顿觉全身心浸于其中。三是门人间互证可知，彼此都听到此道音，都为之动，那么彼此间的界限在体会此说时便退场了，作为"言"的听者、见证者，不光是见证了言之出，更重要的是见证了言在大家身上的着落生效，身不同然效应相仿，印证了"曰"出之言是道之音。四是后世说"子曰"便是传统大道开口了，古今皆应如此，听大道于"子曰"中，哪怕不说内容，单说"子曰"便意蕴十足，因为将身家性命浸于其中的人太多太多，它带给人的是浓重而鲜活的历史命脉。

联系着"谓"讲，"谓"是表达正名工作的动词，指"称之为、定名为、应名之曰"等意思，而"曰"出的都是"谓之"之后的，在正名工作中的"曰"大多是在背后有"当谓之"的意思，表示"这样说是妥帖恰当的"，有时也表示一种有待正名的实然事实①，弟子们期待的就是"谓之"后"曰"的内容或对"曰"出的实然事实进行正名的话语。

三　释"学"

首先讲孔子自己以"学"来说自己的或门人以学来说孔子的一些话。孔子说"吾十有五而志于学"（2.4），他说自己十五岁

---

① 如"虽曰未学，吾必谓之学矣"。

左右时便以学为"志"行之事,这是他自述一生作为时的首句,说明他的一生是从"志于学"才真正开始的。"学"对于一个以成圣、成君子为指向的人来说有开端意义,也是贯穿一生的作为,如他说"五十以学《易》"(7.17),他自己身体力行,和别人比较时他说自己在好学方面可以胜过别人①,他担忧的也在于"学之不讲"(7.3),就学的内容来讲并不是事事学,有未学的②,在孔子看来这些都是不该学的或紧迫性和必要性很差的。但学的态度和师承上则是择善而从,并无常师,学也不必总有老师教授,学不是老师与学生之间的简单传授和承接,可以无处不学。孔子并不自视为"多学而识"(15.3)③的人,他说所学事项繁多但终究是"一以贯之"(15.3)④的,这里的"多"、"一"表明孔子很清醒地意识到自己所从事的事业不是琐碎的事项,而是有着贯通学的过程和所学事项的"一"。这"一"作为一贯讲,便是总是以这样的原则来学;"一"作为目的讲,便是指所学之事,学习作为所行的主要事体,是有恒定指向的,是统一的不是零散的。这样说来孔子谈到自己之于"学"时说的是,他把"学"作为人生开始的正当和应然的始点,也作为一生始终所做的主要事体,从学不限于一人,不限于人、事,处处可学,事事皆可以学,哪怕是对其不学也是一种学的态度,因为学总是有一

---

① "不如丘之好学也"(5.28)。
② "军旅之事,未尝学也"(15.1)。
③ "多学而识"(15.3)。
④ "一以贯之"(15.3)。

定原则，并总有一定指向的，所以总是有选择的。他对自己的肯定之处便是对在以上意义上学得"好"，担心的状况也是对在以上意义的学的"不讲"。

接下来我们看孔子怎么说"学"，"学"作为其一生主要事体有何特点，以及"学"的内容有哪些。

孔子没有直接说什么可以"谓之学"，子夏曾说："贤贤易色；事父母，能竭其力；事君，能致其身；与朋友交，言而有信。虽曰未学，吾必谓之学矣。"（1.7）这里的"虽曰未学"可能指"一般人都说这不能称为学"，不包括孔子，子夏恰恰是承袭了他老师的观点，但这一般人中也可能包括孔子，这样的学就是子夏自己强调的。

孔子只说什么可以谓之"好学"，他说好学首先是君子应做的事，当君子"食无求饱，居无求安，敏于事而慎于言，就有道而正焉"（1.14）便可以叫作好学了。"居"和"食"都是针对一个人身体的基本自然欲望讲的，当君子为学已经忽略人的自然欲望时才是到了好学的境地。但好学不因此而成为纯精神的事，而是要"敏于事"、"慎于言"，好学要求的只是如何去说话、做事，说话、做事是人能有所为的两大基本事体，孔子区分了说话和做事并不是指说话不如做事重要，恰恰相反，他要说的是说话不能自轻自贱，不能因为与做事相比较容易完成些就随意说。说话和做事一样重要，做事容易拖沓无功，所以要勤劳敏捷，这样的说话、做事是要很用心才行，以至于心思都放在了如何更勤劳敏捷地做事和更谨慎恰当地说话了，无暇顾及身体的基本自然欲望是否满足，孔子在这里强调的是往何处"用心"而不是专注精神操持。勤劳敏捷地做事和谨慎恰当地说话还不够，需要"就有道而正"，好学也就有了规矩，道是从规矩"学"的，从有道之人那里看自己说话做事是否合于道，这是成就好学的关键。

当有人问孔子弟子中有没有好学的人时，首先表明在他人看来"好学"是从孔子学的一大标志，孔子自谓好学，但他坦言弟子中唯一的一位好学者已死，再没有弟子好学了。他的弟子们并没有因为这句话可能对自己不利或再传弟子也没有觉得对自己老师不利而从《论语》中删除这条，反而几次提到，可见要达到好学是很难的，但一旦如颜回一样达到了，那么他的表现便可以反过来描述什么是好学。孔子说他是"不迁怒，不贰过"（6.3）。说话做事不会犯两次同样的错误，有愠怒不会使之影响到别人，而且他的确"食无求饱，居无求安"，过着"一箪食，一瓢饮，在陋巷"（6.11）的生活，他不光不迁怒而且"不改其乐"，不把愠怒向外发，也不把乐源向外引，一心做"为己"之学，不为他人而学。

那么，好学本身是无所为的吗？孔子说"笃信好学，守死善道"（8.13），这里"笃信"、"好学"、"守死"都是为着"善道"的，三者皆行为，踏踏实实地信任，在说话做事上好学，守护"有死"然可弘道之身，这些都是为了保全道的本来样态——完善。可见好学是有所为的，是为着保全道的本来样态的。由此我们进一步知道我们应该好学，但好学不是最终目的地，而是一无尽的进程，而总是朝向道、保全道的。

由上可知，孔子说的"学"是有其特点的，他也说了同时代他所反对的"学"。如"古之学者为己，今之学者为人"

（14.24），他体认到好学的人不是那些学了向别人表彰自己的人，而是踏踏实实提高自己正当地说话做事能力的人。他批评了当时为学的人，说"可与共学，未可以适道"（9.30），当今那些一起为学的人们不一定可以一同踏上通向道的路。因为一同为学的人们不一定都以道为向导，虽然他们学习的事物可能是一样的。

虽说孔子与他人所学事物可能是一样的，但孔子有其特别强调的。首先是区分一种倾向，即只思虑不学习，他说"吾尝终日不食，终夜不寝，以思，无益，不如学也"（15.31）。他自己曾经徒劳地思虑很多该如何做如何说的事，但终归是无益于说与做，于是他领会到，还是应该敏于事，慎于言，就有道而正，这样才能真正有益于言行。他还强调思与学不可偏废而专执，"学而不思则罔，思而不学则殆"（2.15），可见好学势必包含了思学相长的意思。

其次，我们可以具体看他主张学什么？《学而》第六章说"弟子，入则孝，出则弟，谨而信，泛爱众，而亲仁。行有余力，则以学文"。可见"行"与"学文"是不同的，"学文"是一种学的特殊内容，即文献学习，君子"博学于文，约之以礼"（6.27）就可以不悖于道了。虽然这是孔子很推崇的学习内容之一，但并不是学的唯一内容。我们可以先来看他反对学的内容，前文已提到"军旅之事"是他不学的，从樊迟学稼一章（13.4）可以看出孔子反对他学农事，他不了解也不愿了解那些事，他体认到学要始终朝着大道，那些细枝末节的无补于道的就可以不学，学习了根本的就不必担心处理不好那些细枝末节。这点从《卫灵公篇》第三十二章也可看出，"耕也，馁在其中矣；学也，禄在其中矣"，只是知道耕种，必定蕴含着饥荒的可能，为学不必担心没有俸禄养活自己。孔子还回答了弟子对如何获取俸禄的问题，他说"言寡尤，行寡悔，禄在其中矣"（2.18）。一样是在讲如何学，如何正当地做事说话，这里孔子不是针对如何获得俸禄说的，他总是说"禄在其中"，意思是他并不是专讲获俸禄的技巧，而是讲为学，只要好学，是不必担心衣食的。这与前文引1.14和15.32所说相契。

接下来，我们看看孔子正面还支持学习什么。"不学诗，无以言"、"不学礼，无以立"（16.13）、"小子何莫学夫诗"（17.8/17.9杨本）、"君子学道则爱人，小人学道则易使"（17.3/17.4杨本），可见孔子提倡学诗、学礼、学道而爱人。学诗可以言，这里的言是指正当地言当言之语；学礼可以立，指学礼可以行当然之道而毫不迟疑，卓然而立；学道而爱人是说学习某种事务，比如使民，必要爱人而不是把人民当驱使的工具，相应的，"仁者爱人"，学其他事务也必合于仁道。

孔子说学的这一切都是些踏实具体的事务，都称为"下学"，但可以"上达"（14.35），即可以在朝向仁道、努力保全大道的"学"中走上通达大道的路，而这大道即仁道。

四 释"而"

杨伯峻解"而"为"两事相因"[1]，我认为"而"的所谓相因不是指时间和逻辑上的连接，而是情态的关联的可能性，"而"

---

[1] 杨伯峻：《论语译注》，中华书局，1958，第245页。

设置了一情态域，人们想到"学"与"时习"相关联并行时将发生的情境和生存样态。

五　释"时"

"时"大致有四种意思：一是，恰当的时候；二是，万物恰处于其自然而应然的时候；三是，历法、季节、人的年岁等；四是，选择特定的时间。

首先孔子常说"有时"，如"使民有时"（1.5）、食有时（10.6）①、言有时（14.13）。② 这些都是在讲做事要在自然而应然的时候，亦即恰当的时候，"恰当"不是投机性的而是自然而应然的。

孔子对鸟儿发出"时哉时哉"（10.21）的感叹，他感叹的就是鸟儿作为万物之一，能够得其时，即能够生活在其自然而应然的时候。相比之下，孔子作为立志为学之人却没有得时。这里的"时"是一个既外在又内在的因素，它不以万物所愿为转移可谓外在，它又实实在在地决定着万物生长参与其中可谓内在。孔子这里的感叹不是"怨天尤人"而是感叹"时"对于他而言是真真切切的没有自然而应然的到场，他没有把"时"当作完全外在与自己努力的"自为"的"他物"，而是一种深深嵌入自己处境、遭遇、努力及其效应的事物。

---

①　原文为"不时不食"。
②　原文为"时然后言"。

229

"时"还指人为或天然的节律。可以指历法①，可以指季节②，可以指人的年龄③，这些有一定节律的时间都是按照自然而应然的时候裁定的，不同的是对人事的裁定和对天然事物的裁定。

"时"还可以作动词，指挑选特定的时候，这是完全可以由人为决定的，可以与自然而应然的时候相合也可以相反。是具体的从事某事务的时刻，如"孔子时其亡也而往拜之"（17.1）。人作为历史时空中的个体总会遇到这个意义上的"时"，关键不是看他是否把握住了投机性地做成某事的时机，而是看他是否主动地挑选自然而应然的时候去从事某事。因而句中的"时"可以解为挑选自然而应然的时候去从事某事。

六 释"习"

字面上看的确如杨伯峻看到的，"习"有两个意思：一是，温习，演习，实习；二是，习染、习惯。

除了句中提到一次外还有两次，一次是曾子说的"传不习乎"（1.4）与这里的"习"意思相近，另一次是"性相近，习相远"（17.2）。我认为两个意思可以打通。所谓"温习"是说在"为学"中必须落实到"个人"，这里的"个人"不是指有平等权利义务的主体而是个别的以身担道的着落处，而"习染"恰恰

---

① "行夏之时"（15.11）。
② "四时行焉"（17.17）。
③ "少之时"（16.7）。

就是同一个意思,是指在着落到"个人"时的差异造成了"个体"的不同,然而被着落者"性"则人人相近。

所以,"习"担负的不光是温习所学内容而且更重要的是它可以区分众人,一个以身担道的"个人"究竟可以有哪些、有多少不同完全取决于"习"的工夫。"习"的任务也就是可以最好地让相近的"性"着落到"个人"身上,在"习"所区分出的众人中找到最适合的以身担道。

七 释"说"

句中同"悦",因此只说这个意义的例子。当"悦"讲时按杨伯峻解[1],有两个具体意思,句中的"悦"是表动作的名词,其他几处都是动词,即"使人高兴"。当"悦"表示高兴时要与"乐"区分,后文具体讲"乐",这里只简单地说"悦"在高兴的深度上不及乐,往往只是外表的情绪。更多的时候指人对待一事物时表现出的表面精神状态。

八 释"有"

"有"字极其复杂,我在原文中看到了一个价值序列,"有"表示应然、必然、实然和可能性或假设的复杂作用,其价值层级也有不同。

表示应然的有:"必有忠信"(5.28),与"必"字连用往往表示应然或应然的实现或确然了的可能性。如"德不孤,必有

---

[1] 杨伯峻:《论语译注》,中华书局,1958,第 306 页。

邻"（4.25）、"必有我师"（7.22）、"言必有中"（11.14）、"必有近忧"（15.12）、"必有可观者"（19.4）

"有德者必有言，有言者不必有德。仁者必有勇，勇者不必有仁"（14.4）。"必有"强调前面"有德"中已经包含了"有"的应然之意，德与仁可以构成应然上的引导，是独立的价值要求，而言与勇只是实然或可能性上讲，实然是实现了的可能性，不能独立引导可能性的应然实现。

"有所不行"（1.12）、"有耻且格"（2.3）、"皆能有养"（2.7）、"盖有之矣"（4.6）、"如有循"、"有容色"（10.4）、"有杀身以成仁"（15.9）、"如有……必有……"（15.25）、"侍于君子有三愆"（16.6）、"君子有三戒"（16.7）、"君子有三畏"（16.8）、"君子有三变"（19.9）、"君子有九思"（16.10）中的"有"也表示应然、应然引导下的实然化或应然引导下的实然化诉求。

与"无"相对提时也常表"应然"，如"人无远虑，必有近忧"（15.12）、"有教无类"（15.39）等。

表应然时还需特别注意下面几章。

"颜渊死，子哭之恸。从者曰：'子恸矣！'曰：'有恸乎？非夫人之为恸而谁为？'"（11.10），这里的"有"表示出现了不应出现的，但从后文可知"不应"恰可以得到一种谅解，此谅解中包含了更深的对应然的体悟和担当，即当实然化了的应然太少，有了又过早逝去，这"逝去"绝非应然，但却实然化了，此时的伤感便不是伤人际之情，而是伤道之失载，伤应然实然化的阻塞，因此这样的"不应"恰恰是为着"应"而来的，所以可以谅解。

由上面的解释可知"有"还可以表示出现了不应出现的，下面两章则可知"有"还可表示应然的未实现状态和确然不可能。

"君子而不仁有矣夫，未有小人而仁者也"（14.6），前一句表示应然要求下的未实现状态，指君子应当仁但没有做到是可能出现的，不是一种单纯的可能性或实然状态；后一句表示应然要求下的确然的不可能性，指小人应该不可能有仁。还有表示应然未实现状态的如"君子亦有穷"（15.2），指君子本不应当"穷"但实然地"穷"了。这里看到一种超出应然引导的力量，有实然化本身的力量，下文还可以看到另一种引导实然的力量，我称之为"必然"。

"苗而不秀有矣夫"（9.22）表示必然的可能性实然化，孔子料定一定有这样的可能性会实现，这里的"有"不是应然的意思，而是另一种引导实然化的力量，即"必然"。

"死生有命"（12.5）和"自古皆有死"（12.7）都是讲这种必然性。孔子认为死亡不是应然的而是必然的。"应然"可以引导一种确然性，如"三年有成"（13.10），但"必然"造成的确然性是应然无法实际干涉的，人的寿命没有应不应当之说（"仁者寿"只是说如果"仁"则可能"寿"，或寿与仁在价值上更匹配，属于一个价值序列，但不是说仁者应当寿），生命只有实然的最终自然实现，这样一种实然的自然实现就是"必然"。

"有"在很多时候表示"实然"，即"实际上就这样出现了、发生了、确然的或表示实际拥有"。如"皆能有养"（2.7）、"有事，有酒食"（2.8）、"有君"（3.5）、"有三归"（3.22）、"有能一日用其力于仁矣乎？"、"游必有方"（4.19）、"有闻"

（5.14）、"邦有道"（5.2）、"有君子之道"（5.16）、"有父兄在"（12.20）、"始有"、"少有"、"富有"（13.8）、"有惑"（14.36）、"有心"（14.39）等。

值得注意的是常被人误解的两章："舜有臣五人而天下治。武王曰'予有乱臣十人。'"（8.20），这里的"有"常被解为实然出现或拥有，但实际上是表示一种人的根本关联，不是私有或单纯实有。这章是讲一居君位之人与五个相匹配的臣位之人发生的应然关联，即"君君臣臣"要求的实然状态。下文"乱臣"也表明这种应然关联要求下的实然状态的缺失。

还有"人皆有兄弟"（12.5），也不是说人们实然或必然有兄弟姐妹，而是在"父父子子"系列的应然要求下的人的根本关联，是一种应然的关联。

最后，"有"和"如"、"盖"、"苟"等连用表示可能性或假设，表示"如果那么"，这些可能性都有可能成为现实，即实然化，但具体还要看其与应然、必然的关系，这里从略，只举几章示意："如有复我者"（6.9）、"盖有不知而作之者"（7.28）、"苟有过"（7.31）。

在应然、必然、实然和可能性或假设之间有一明显的价值层级：应然在价值上是最高的；在效应上，不违背它的必然、实然都仅次于它；与应然相悖的必然、实然在价值上又次之；最后是可能性，处在价值序列的底层。

在首章中的"有"更多的是指"应然、应然引导下的实然化或应然引导下的实然化诉求"。

九 释"朋"

"朋"字在本章单独使用只有一次,所以我们不得不考察相关的两个表达:"友"、"朋友"。

"友"主要指主动与人友善,结交。如"无友不如己者"(1.8)、"友于兄弟"(2.21)、"匿怨而友其人"(5.25)、"子贡问友"(12.23)、"友其士之仁者"(15.10)等。孔子说"友":"忠告而善道之,不可则止,勿自辱焉"(12.23)。这明显是在说如何与人交往,至于和什么样的人交往就要看上文引过的几章,要友兄弟、士中的仁者,不主动和不如自己的人友善。上文提到兄弟是人际的根本联系之一,属于父父子子的应然要求下的人的根本关联,那么"友"首先在价值上最原初的体现就在于友于兄弟,对待兄弟要"怡怡"(13.28)和睦融洽,推扩开来就是与在仁士和在德才等方面高过自己的人友善,这种推扩开来的"友"不同于兄弟间的根本关联,这种非根本的人际关联主要是与人的为己之学相关,即见贤思齐意义上的、三人行必有我师意义上的向友人学习,观友人之是非而知何为善恶,因此要"切切偲偲"(13.28)相互责善。

那么"友"作为名词就只是第二种"友"的人,有益于为学的人,如曾子曰,"君子以文会友,以友辅仁"(12.24),我们可以通过这章知道孔子教导我们,交友为学都是向着成仁而来的。

"朋友"在文中主要指名词的"友",具体讲如何对待朋友:一是,要同处一真诚而表意一贯的言语境域,即"言而有信",如1.4、5.26等;二是,不可以滥交朋友(4.26),与朋友交往时过于烦琐便会使朋友疏远；三是，与朋友的授受要得当，对待礼物不记多寡贵贱，朋友死无葬者要代葬（10.16/10.22 杨本）。

首章的"朋"字可以解为"朋友"，即在向着仁努力地为学中"切切偲偲"相互责善。

十　释"自"

"自"有两个意思：一是，历史性的，造成事态开启的起点或回溯事态由成的起点（3.10）；二是，特指从己起的行动着力点，从"己"——与"人"相待的一方——开始追究正当的行为（4.17、5.27）。

十一　释"远"

"远"主要指"与'己'的一种共在状态"，如"远耻辱"（1.13）、"远暴慢"（8.4）、"远佞人"（15.11）都是说己要与耻辱、暴慢、佞人保持一种"远"的共在状态，这是一种施为，是要去做成的事；而"仁远乎哉"（7.30）就是指"仁"与"己"一定不是在"远"的共在状态，而就在于"我欲"，就在于切"己"发现、发用。"慎终追远"（1.9）则是说要以"追"的努力来对待和保持与"己"处于由于时间而成的"远"的共在状态假象下的先人。"何远之有？"（9.30）是讲"家"与"己"也不是同处"远"的共在状态，而是要以"思"的施为对待由于空间距离造成的"远"的共在状态的假象。

另外，"远者来"（13.16），指为政者正则与其处"远"的共在状态的人们"来"，即对于"远"的共在状态的主动消除，这里的"远"更多的是指一种空间距离造成的处境和假象。"不仁者远矣"（12.22）也是这个意思。

最后，"可谓远也矣"（12.6）中的"远"则是"看得清楚"，与"明"对讲而意义相成，是指知"是"而远非。

总之，"远"的共在状态是用于诸"非"的，种种不仁者如耻辱、暴慢、佞人皆要用"远"来对待，首章中朋友自远来就是讲"己"为学行仁而自然为"正"，那些"朋友"会自行取消与"己"所处的"远"的共在状态。

十二 释"方"

一般指一定的去处、处所、位置等，如"父母在，不远游，游必有方"（4.19），专名化后多用"四方"（13.4、13.5），指东西南北，进而代指天下百姓和全国政务。这里的"方"是指一种秩序的厘定，方内或说四方内就是已经有了合理秩序的地域及其住民。相应的"万方"（20.1）就是这个有合理秩序的地、民域的普遍实现。

"方"还有价值上更优先的意思，"夫仁者，己欲立而立人，己欲达而达人。能近取譬，可谓仁之方也已"（6.30），这里的"方"就是践道之途，是指道之由行（11.24也是此意）。

还有其他意思如"责备，说人之过"（"子贡方人"14.29）、"刚刚处于某典型状态"（"血气方刚"16.7）。

首章的"方"是说有合理秩序的地、民域中的朋友能因己行仁而自行取消与"己"所处的"远"的共在状态，因己行仁而愿与己一同踏上践道之途。后一个意思要辗转理解，方内友人来到

"己"身边就是对原有合理秩序的自行维护和提升。

十三 释"来"

前面已讲过"来"的一个意思,即自行取消与"己"所处的"远"的共在状态,同一意思的还有16.1、17.1、19.25等处。

这里补充一个重要的意思,"告诸往而知来者"(1.15)、"焉知来者不如今"(9.23),这里的"来"与"往"、"今"对言,指事态和人、物遭遇的未当下化而又有必然当下化之命运。"往"指事态和人、物遭遇已失去当下效应,"今"指事态和人、物遭遇的当下化过程本身。

因此,从首章的"来"可以看到,远朋可以是尚未当下化的后人,包括我们今天的以及未来的,凡是要作为人活过一回的都是"来"的远朋。也就是说《论语》中的时间不可以线性化,不是无尽以自然数字计算的,一个"来"字就表达了所有未活而要活者,一个"往"字就说尽了已经活过的,一个"今"字就言明了一切活着的,同时这个"今"不限定在孔子自己的时代,"来"与"往"也一样,它们三者早就框定了一种根本事态和人、物遭遇的发生域。

因此,首章的"来"就可以作多层理解,要忽略线性时间的影响。

十四 释"不亦"

"不亦"表示强调,一方面是单纯的加强肯定语气,另一方面是表示对当时人们的一般常识、俗见的不同。

十五　释"乐"

孔子反对世人的诸多"乐",世人认为世上的"乐"只有君王的最是"乐"(13.15),因为他说出的话没有人敢违背,但孔子说只要是"善"言当然不违背是很好的,但如果不善还不违背那不是"一言以丧邦"了吗(13.15)?可见世人将"乐"看作是对私己各种(包括当与不当的,特别强调不当的)要求的满足。世人也区分了"笑"和"乐",使得乐变成了一种时机性的表达某种随机情绪的东西(14.13)。在种种世人的"乐"中孔子区分了六种有损有益的:"孔子曰:'益者三乐,损者三乐。乐节礼乐,乐道人之善,乐多贤友,益矣。乐骄乐,乐佚游,乐晏乐,损矣'"(16.5)。这一方面是在评价性地称述有多种"乐",另一方面孔子是在判定"益"的乐,他发现的"乐"可能会表现为三种"益"的乐,那"乐"也可以通过这三种"益"乐来培养。

那么孔子发现了什么"乐"呢?他发现了可以长处的"乐",仁者才可以长处"乐"(4.2),"长处"不是指线性时间上的长短,而是一种根本的自然而应然的生存样态的敞现和持存,它不同于时机性的或随机的情绪,也不同于某种从常做的事中得到的满足,这乐是"适度"的恰到好处的,所以"不淫"(3.20);这"乐"是与"贫富"无碍的,它不因贫而稍减不因富而随之来,不同于世人乐富嫌贫(1.15、7.16);这乐是与"约"相伴的,"约"是朴素的自然的无过无不及的守持(4.2);这"乐"颜回是做成了的,"长处了"的(6.11)。孔子也是"发愤忘食,乐以忘忧"(7.19),这里的"乐",它不是某种"乐",不是种种乐中的一种,这里没有种属关系,没有"理念、分有"的关系,而是"乐"的最高价值上的意义的充实和实现。种种乐的区别在于价值上的是否优先,而不是实然的种属归属关系。

孔子还描述了两种人的"乐",说智者处于这"乐"中时就像水一样流动不息、变动不宁,而仁者处于这"乐"中时则是像山峦一般泰然常驻(6.23)。

但如前文所述,孔子有忧时,如忧"学之不讲"(7.3)等,而且在具体的情境中也有不"乐",如孝子守孝时"闻乐不乐"(17.19),但这些与上面的乐没有根本冲突,孔子所"忧"的都可以通过人的努力而改善,即使努力了没有改善也不会不去努力,不会因为要不断努力而不"长处乐",守孝时当然会长处肃穆悲伤,这正是仁者所做的,但也不会因为悲伤而失去对"长处乐"的仁者生活的向往。只有长处乐者才可能在应该表达某种感情时自然地流露。

第十六 释"人"

孔子说的普通意义上的人,一般有"那人"(5.25)、"活人"(10.11)、"人们"(12.5、14.40)等,与今天的"人们"意义差别不大,指具体的人。个别讲又分了很多种人:"中人"(6.21)、"善人"(13.11、13.29、20.1)、"党人"(9.2)、"乡人"(10.7、13.24)、"惠人"(14.9)、"佞人"(15.11)、"远人"(16.1)、"邦人"(16.14)、"齐人"(18.4)。这些都

是按照种种区别而分类的人们。这样的种种"人们"在价值上并不优先。

孔子自言"学而不厌,诲人不倦"(7.2)是自己应该做好的事,颜回也说孔子"循循善诱人"(9.11)孔子真正在乎的"人"是他"诲"与"诱"的人,不是那些被"诲"、被"诱"的人们,而是"诲"、"诱"人们要成为的人。

首先可以在孔子强调的"人—己"共构中看到这点:①

子曰:"不患人之不己知,患不知人也。"(1.16),这是说不怕别人不知道自己的过错或德行,因为别人知此与我无益,应患的是我不能知道人的是非,不能从是去非。这里"人"与"己"都有可能有是非,关键在于"人"与"己"有一个互动,"人"之是非见于"己",使"己"从是去非,而人人又皆为"己","己"又为他人之"人"。

相关的有:"无友不如己者"(1.8)、"毋友不如己者,过则勿惮改"(9.25)、"不患莫己知,求为可知也"(4.14),"可知"指知人之是非,反省自己。"不患人之不己知,患其不能也"(14.30),"不能"指"见贤"而不能"思齐"。"君子病无能焉,不病人之不己知也"(15.19)同上。

子曰:"夫人者,己欲立而立人,己欲达而达人,能近取譬,可谓人之方也已。"(6.30)

这里关键是"立"与"达",立与达是有道德指向的行为,

---

① "人—己共构"一节文字改自旧作《补议孔子的"人"与"己"》,编号用杨伯峻本。

指树立可以使人自立的道和通达德,在价值上是肯定的,而不是指一切事务。"己"与"人"也不是分开的两个实体,"私己"与"他者"。"己"能欲立欲达的前提是其可知"己"、知"人",即知是非,知从是去非,是非是在人与己的共构中彰显出的,"欲"只是"愿意"的意思,是中性的。"近取譬"就是强调这一"立达"必不可落空,而应自"己"起,"己"是落实者,这"己"是理解和担当一切的智识平台、道德平台,这是人人皆同的,是人们可能为人的先决条件。这"己"是开放的未完成的不以肉身为唯一目的的。因此行仁必须重"己"。如曾子曰:"士不可以不弘毅,任重而道远。仁以为己任,不亦重乎?死而后已,不亦远乎?"(8.7)以一死之"己"而担仁之重任,虽重、远,但意义莫大!

"毋意,毋必,毋固,毋我"(9.4)。"我"多指第一人称,说话者本人或以私己为目的,这里的"我"即后者。而"己"只有"足己"——满足私欲时,是唯己的、完成的、封闭的,应当"毋"的,而"修己"是开放性的与人共构。前者是指毋执"小我",后者是指通达"大我"。如14.42子路问君子,子曰:"修己以敬",直接指明"修己"方为君子,而后面的"以安人"、"以安百姓"则指可普施于上下君臣,可普施于人们。

"克己复礼为仁。一日克己复礼,天下归仁焉。为仁由己,而由人乎哉?"(12.1)中"克己复礼"之"己"为"毋我"之"我","为仁由己"的"己"为"修己"之己。这里的不由人指不落于空泛。

"己所不欲,勿施于人"(12.2),这里没有用"立"、"达"

等带有价值指向的词,"己"也是"修己"之己,而所不欲者非所立、达者,"施"即普遍化,这些不可立达者不可普施于人。与前面"欲立而立人"、"欲达而达人"相互补。"己"与"人"共构而可立可达者则能被普遍化对待,反之不可被普遍化对待。"己"对"人"的作用就在于能从"人"的事务中辨别是非而且可以分别以普遍化和非普遍化的方式对待"人";而"人"之与"己"就在于显现是是非非又通过"己"所表现出的立达者的导向以使人之为人之道的彰显。

"言"对"人"的表达有关键意义。"可与言而不与言,失人;不可与言而与之言,失言"(15.8),可以普遍化言说的、倡导的不去说与"人",那便有失于"己"对"人"的作用,而那些不可普遍化的言语如被普遍化倡导,那么倡导的言论便有误。又如"不知言,无以知人"(20.3),言不光是可以被倡导的,而且又是人能体现其为人的,是是非可以体现的中介。因而人应当慎言。而"君子不以言举人,不以人废言"(15.23),指人人都有可能说出可立达者,不可将言固与人之是非联系,可见言有独立的意义,"人"之言使人彰显出的"道"、"德",且可以以思想载体的方式传递,并激发"己"之立达。

那么这种共构又要具体地以如下方式实现出来:"为人"——"成仁人君子"。

"为人也孝弟"(1.2),人是做出来的,人应当孝悌,要去做"人事",首先要学会"事人"(11.12、18.2、19.22),即做人应当做的事。

"人而不仁"(3.3)是不行的,人应当"仁",而且"人能弘道，非道弘人"（15.29）。这里的人即自觉担当"仁"任、"道"任的"修己"之"己"，在这个总要求下还有一些具体的，如"人而无信"是不行的（2.22），有必要时人要"杀身以成仁"（15.9），人要"爱人"（12.22），"人而无恒"（13.22）也不可以，人要"恭、宽、信、敏、惠"（17.3）才是仁人。

十七　释"知"

"知"分三种："知晓"、"实知"、"真知"。"知晓"就是言辞上的理解，相当于听懂了或知道了某事。如"知和而和"（1.15）。

"实知"为"智"，"知之为知之，不知为不知，是知也"（2.17），这是讲实在地知道了某事物的内容、运作、原由、正当性、功效等。还有"温故而知新"（2.11）、"父母之年不可不知"（4.21）。

最重要的一个意思是"真知"，"人己之知"是一种真知，即"知人"上文已论及，这里说其他几种："知仁"、"知天命"、"知生"、"知礼"。

"人之过也，各于其党。观过，斯知仁矣"（4.7），这里的"知仁"与上文"知人"相关，观人是非（这里的"是非"在现代汉语中有俗解，此处取大是大非之意），为的是知道"过"，知道了过错就知道他是什么样的人，是不是"仁人"，是不是人之当为的人。"不知其仁也"（5.8），也是此意。

"五十而知天命"（2.4），这里讲对"天命"的领会，"实知"不一定会依其所知而行，但"真知"一定是在"实知"的基础上力行所知。因此这里的"知天命"不是仅仅知道天命，而更重要的是依天命而行。

"未知生，焉知死？"（11.12），这是讲"知生"，对生的透彻了解，在"实知"的基础上力行生之所当行事。生的事还不了解，还没有去力行当然就轮不到死的事，不论是从线性时间上讲还是从伦理秩序上讲或是从价值序列上，都应当尊重先对生有"真知"再试图对"死"有"真知"，但实际上，这些"知"都要着落到"己"头上，这样也就阻碍人们真正去力行"死"的事，因为"己"能真知力行生与真知力行死无事实差别。但孔子强调"知生"是在肯定生命意义的可实现性上提出的，他应当了解生着与死着的自然过程是同一的，但他看到的区别在于直接的肯定与否定，他道取完全的直接肯定的路。

"子入太庙，每事问。或曰：'孰谓鄹人之子知礼乎？入太庙，每事问。'子闻之，曰：'是礼也。'"（3.15）这条最明显，"真知"不光要"实知"还要加上力行。孔子不光知道入太庙之礼，而且他身体力行，用生命行止来担当礼，呈现礼，这是真知礼。相关的还有3.22、2.23、7.31等处。

首章的"知"主要是人己之知，当然背后还有"真知"作为价值支撑。

十八　释"愠"

"愠"多指面色上的不悦，如5.19、15.2等处。与前文的说（悦）、乐相反，"不愠"虽不是说（悦）、乐，但也不阻碍说（悦）、乐的实现。

有人讲这句解为教学中的情况，但按我们上文讲的，还是应当解为"人己之知"意义上的"不愠"。

十九　释"君子"

这个词虽然出现很多次，但有上文铺垫这里就可以肯定地说有两种意思：一种是专名，指有一定尊贵职位的人；还有更常用的意思，即"人当为之人"、"仁人"。这里不再举例。

二十　结论

从上面的解释可以看到子曰："学而时习之，不亦说乎？有朋自远方来，不亦乐乎？人不知而不愠，不亦君子乎？"可以作如下解说。

先师孔子会这样告诉我们，依道而言如下事实是应然的："好学是君子首先应做的事，学的一切都是些踏实具体的事务，即'下学'，但可以'上达'，即可以在朝向仁道，我们应在努力保全大道的'学'中走上通达大道的路，而这大道即仁道，为学要求挑选自然而应然的时候去完成一些任务，就是最好让相近的'性'着落到'个人'身上，在'习'所区分出的众人中使自己成为最适合以身担道的人，如能这样岂不是很高兴的事？我们要相信，应然和应然引导下的实然化或其诉求会让向着仁努力的、有合理秩序的地域、民域中的朋友能因'己'行仁而自行取消与'己'所处的"远"的共在状态，因'己'行仁而愿与'己'一同踏上践道之途，这不正是仁者生活会导向的'长处'之乐吗？在'人—己'共构中，'人'之是非见于'己'，使'己'从是去非，而人人又皆为'己'，'己'又为他人之'人'，重要的是'己'可否见人之是非而从是去非，所以人们不了解'己'的过错、德行并不能阻碍'己'得到人己真知即是非真知，这又不能阻碍'己'放弃长处之乐而起私念且显于颜面，这样的人不正是人之当为之仁人君子吗？"

附录二 《论语·学而》通义[*]

阅读中国第一书《论语》的首章时，若略去具体内容，我们会首先感受到一种温厚、醇熟的愉悦，这种愉悦来自一个健全完整的人格，这是中国人为全人类提供的理想人格，他们的人生态度首先是从容而愉悦的，他们所作所为都充满了来自生命智慧根底的惬意和舒展，他们愿意用一生的时间去过这种生活，而又谦虚地将这样的人生称作"学习"。

一 学习的愉悦

《论语》首章展示了中国人人生观中的第一要务——"学习"。古希腊大贤梭伦（Solon）也说过，他要"活到老学到老"，他所说的"学习"当然不是指我们今天学生课堂上学习的科学文化知识，同样，孔子所说的人生第一要务"学习"也不是指对一般知识的学习、记忆和传递。但是《论语》首章中并没有明确指出学习的具体内容，这倒不是说内容不重要，而是在强调，"学习"作为君子人格养成的必须活动，人们应该更重视"学习"本身的意义、学习时应该采用的态度、能达到的效果和境界。

为了跟随孔子亦步亦趋地进入中国人人生论的最内核，我们不妨细致地品读《论语》首章，了解它究竟告诉我们什么才是令人愉悦的学习。

---

[*] 作者：梁中和，四川大学哲学系教师。

孔子首先说，学会了面对一件事情时人们该如何处理，并且能举一反三，反复温习，使所学之事日益牢靠，这不是很高兴的一件事吗？

的确，"学习"本身作为一种活动，能够给人带来新的知识、见识和合理处理问题的手段，能让人在使外在事物井井有条的同时，内心也和顺舒适，这就是将整个世界置于一种秩序之中的努力。当这种努力完成的时候，怎么会不由衷地高兴呢？人们高兴地看到，通过自己反复努力练习，终于掌握了一种技艺，拥有了一种能力，学会了处理一类事情，得到了一种处理事情的经验和心理态度，这些都是真正的收获，是我们不断过上善好生活的努力。反复温习的意义除了在于熟能生巧以外，更重要的是能够牢固掌握从而向别人教授，能帮助别人又是何等的快乐？能给人提供帮助表明我们自己首先是完满的、自足的，我们不光有帮助别人的愿望，更有帮助他人的能力，这正是所谓的"自觉觉他"。他人从来都不外在于"我"，只有我和他人一同过上了善好的生活，"我"才真正实现了自己。

于是，孔子接着说，这样一来朋友们自然而然会因为你的学习成果而走向你，就像空杯子靠近满溢的杯子一样，人们从远方纷至沓来，为的是向这位饱学之士求取智慧，是的，求取的一定不只是琐碎的"知识"和"技能"，更不是道听途说的"消息"，而是真正广大的智慧。《易经·象传》中也讲到有君子人格的人，要和朋友们一起梳理和讲授所学，温习已经学会的事物和已经得到验证的智慧。如果人们闭门造车，就会孤陋寡闻（《礼记·学记篇》），这样一来不光自己的所学得不到验证，更不能分享我们发现的智慧。孟子甚至将这样志同道合相互学习的朋友推广到古往今来和全世界，他对万章说："一个乡村的优秀人物便和那一乡村的优秀人物交朋友；全国性的优秀人物便和全国性的优秀人物交朋友；性天下的优秀人物便和天下性的优秀人物交朋友。认为和天下性的优秀人物交朋友还不够，便又追论古代的人物。吟咏他们的诗歌，研究他们的著作，不了解他的为人，可以吗？所以不要讨论他那一个时代。这就是追上去而与古人交朋友。"（《孟子·万章下篇》）这样一来，我们自己的学习就至为广大深厚，感受的愉悦就不限于一个私人获得或占有某物时能得到的乐趣，而是可以体察到宇宙人生、上下数千年的人类智慧，这样的愉悦是难以形容的，一个生活在特定历史环境中的个人，能够超越其时空限制，往来于古今贤达，交友于一时俊杰，正是十分难得，这样的君子人格就不再是一个孤独的个体，他的生命已经渗入整个宇宙生命之中，他们的个人虽然表面上还是一个个体，但是实际上已经去掉了私人性，他们的生命是用于和全体人类、宇宙交往的主体，这时候的君子不会在乎"别人"怎么看待自己，因为他们已经没有那个自私的琐碎的"自己"了，他们已经将自己的生命公共化。

因此，孔子最后说，人不知道自己的想法、状况，而我们不愠怒，不也是君子的作为吗？的确如此，孔子强调说君子考虑的是自己有没有办法做到应该做的事务或者程度，而不是担心别人知不知道自己做了什么（《论语·宪问篇》、《论语·卫灵公篇》），因为事情本身做好了，君子的任务才完成，君子要成就的是事情本身，而不是自己一己之名之利。君子担心的是是否知道别人的嘉言嘉行，是否知道别人的所作所为符不符合事体要求，而不是操心自己做的事情是否被人看到、知晓和称颂。孔子的很多学生就是秉持这种态度做事的，比如曾子就说人知道当然是如愿以偿，但人们不知道，我们自己会心知肚明（《大戴礼记·曾子立事篇》），无法自欺或自损。

孔子的后学者孟子曾经对宋句践说："你喜欢游说各国的君主吗？我告诉你游说的态度。别人知道我，我也自得其乐；别人不知道我，我也自得其乐。"宋句践说："要怎样才能够自得其乐呢？"孟子答道："尊尚德，喜爱义，就可以自得其乐了。所以，士人穷困时，不失掉义；得意时，不离开道。穷困时不失掉义，所以自得其乐；得意时不离开道，所以百姓不致失望。古代的人，得意，惠泽普施于百姓；不得意，修养个人品德，以此表现于世人。穷困便独善其身，得意便兼善天下。"（《孟子·尽心上篇》）这里说的是一个意思，不论别人是否知道我们所做的正确言行，我们都会因为做了正义善好的事情而身心愉悦，知足自足。

孔子的另外一位重要再传弟子荀子也有相关的教导，他说，"士君子所能做到的和不能做到的是：君子能够做到品德高尚而可以被人尊重，但不能使别人一定来尊重自己；能够做到忠诚老实而可以被人相信，但不能使别人一定相信自己；能够做到多才多艺而可以被人任用，但不能使别人一定任用自己。所以君子把自己的品德不好看作耻辱，而不把被人污蔑看作耻辱；把自己不诚实看作耻辱，而不把不被信任看作耻辱；把自己无能看作耻辱，而不把不被任用看作耻辱。因此，君子不被荣誉所诱惑，也不被诽谤所吓退，遵循道义来做事，严肃地端正自己，不被外界事物弄得神魂颠倒，这叫作真正的君子。《诗》云：'温柔谦恭的人们，是以道德为根本'说的就是这种人啊"（《荀子·非十二子篇》）。

因此，君子人格本身就能给人带来深入而牢固的愉悦，需要的只是踏实学习，常常温习，与人分享，不担心一己的名利，这样才会在成就完美人格的同时，得到深入的满足和悦乐。当然这种悦乐是君子人格的效果，并非人们要追求的目标，因此中国人表现出的乐观态度是基于我们正当地做事会有正当的回报和效果，正当地做事本身已经足够使我们快乐了，因为那些事我们都是努力学习，勤奋练习，愉悦地与人分享的，都是以正义和善为目标和依归的，因此君子之乐无乐可及，无乐可替，它完全满足于自身的美满与丰足。

二　学习的内容

如果从总体上讲学习的主要内容不涉及具体知识的话，我们可以大体总结如下。

1. 孝与顺

现在很多中国人埋怨自己的文化传统太过于保守，中国人太顺从了，甚至说有天生的"奴性"。这种对自己的文化的攻击主要来自两种冲动：一种是惭愧自己文化没有创造出西方文明的成果，自责；一种是因为面对具有很强革新意识的西方文化时，对自己文化的自省。这种自省的态度是好的，也是中国人本有的人生观，但是自责就没有必要了，而且对认同自己的文化有很大害处。

大部分中国人并不反对"孝顺",中文中"孝敬"和"顺从"故意放在一起是有其深意的。一般而言,人们在强调顺从的消极意义时,忽略了其正面的积极的意义。中国古代文献中强调孝与顺这种治理家与国的方式,为的是确立一种良性的秩序。在家庭生活中,"孝敬"虽然表现得完全听从家长安排;在社会生活中,"顺从"虽然几乎表现得完全遵从上级命令,但是其中都有确立良性家庭和社会关系的深意。孔子的弟子曾经精辟地看到,"一个孝顺父母、尊敬兄长的人同时又冒犯君上的,极为稀少;不会冒犯君上而会作乱的,不曾有过。一个用心于世道的君子,专致力于根本的事情;根本的事情做好了,这个世界就可变为有道的世界了。孝和悌应是仁的根本!"可见对家人尊长的"孝"和对社会秩序中在上者的"顺"是同构的价值要求。

家与国需要人们遵循一定的秩序,这种秩序并非单一方向的,而是相互的,因此是"父慈子孝","君君臣臣",父亲也好君王也罢,要像一个秩序的建立者和维护者那样维持公正,这样子民才会一同维护。同样,只有在家庭中孝敬的人才会服从整个社会正义,一个人如果在家都无法孝敬父母,维持家庭中的人伦秩序,可以想象他是无法遵守社会秩序的(参看《大戴礼记·曾子立孝篇》)。

中国古代还有很多思想家也将"孝"与国家治理和政治秩序相关联,比如,管子就说孝悌是仁的"祖"(根本、根基)(《管子·戒篇》),《吕氏春秋》也说在治理国家方面,主张"孝"是最为根本的事务,是古代圣王的根本事务,所有事务得以顺利维系的关键（《吕氏春秋·孝行览》）。孟子也说，"人不待学习便能做到的，这是良能；不待思考便会知道的，这是良知。两三岁的小孩儿没有不爱他父母的，等到他长大，没有不知道恭敬兄长的。亲爱父母是仁，恭敬兄长是义，这没有其他原因，因为这两种品德可以通行于天下"（《孟子·尽心上篇》）。

有人或许会责备这种家庭内部的"孝"的普遍意义，说这种基于一个家庭内部利益的行为，怎么会对社会行为有规范作用呢？孔子的回答是，"做一个学生，在家应当孝顺父母，出外应当恭敬尊长，做事谨慎而说话诚信，普遍地爱众人而特别亲近仁人。在学习这些德行以外，又用力于读书"。这样的学习者，才会逐渐成为理想人格——"君子"。这样的人在家在外都是一以贯之的，不同的是他们特别倾向于结交"仁人"，他们对大众的爱是有的，但也是有限的，因为大众和自己一样，都需要德行、能力、见识等方面高于自己的人的教导，只是泛泛地跟随很多人学习技艺，而不亲近真正仁德的人则对人们的成长没有益处（《大戴礼记·曾子立事篇》）。因此正如孟子所言，"智者没有不该知道的，但是急于当前重要工作；仁者没有不爱的，但是务必先爱亲人和贤者。以古代圣王尧、舜的智慧都不能完全知道一切事物，因为他急于知道首要任务；尧、舜的仁德不能普遍爱一切的人，因为他急于爱亲人和贤者"。

2. 如何识别和表达仁爱

"仁爱"是孔子教导人们的最重要的议题。孔子说，"花言巧语、容貌愉悦的人，不一定有仁爱之心"。的确如此，那些花言巧语的人往往把没有的说成有（《逸周书·官人篇》），事情最终往往做不成（《逸周书·武纪篇》），这样的人只是做表面功夫，顶多在一些细小的事情上做得得体，难以用仁德的方式做所有事情（《大戴礼记·曾子立事篇》）。辨别事务是否合乎正义原则，不在于人们怎么替它辩解。

正如《吕氏春秋·离谓篇》所言，"说的话是为了表达意思的。说的话和意思相违背，是凶险的。造成国家混乱的习俗是，流言很多，却不顾事实如何，一些人极力互相诋毁，一些人极力互相吹捧，诋毁的、吹捧的分别结成朋党，众口喧嚣，气势冲天，贤与不肖不能分辨。靠着这些来治理国家，贤明的君主尚且会感到疑惑，更何况不贤明的君主呢？疑惑之人的祸患是，自己不感到疑惑。所以得道之人能在疑惑之中悟出事物的道理，能在昏暗之中看到光明的境界……这样一来，可以的与不可以的就无法辨别了。可以的与不可以的无法辨别，却用以施加赏罚，那么赏罚越厉害，混乱就会越厉害。这是治理国家的禁忌。所以，如果善辩但不符合事理就会奸巧，如果聪明但不符合事理就会狡诈。狡诈奸巧的人，是先王所惩处的人。事理，是判断是非的根本啊。"

儒家认为，君子是不靠容貌的变化来与人亲近的，如果感情疏远而容貌表现得亲密那是小人的自欺欺人之举（《礼记·表记篇》）。因此辨别人们是否有仁德，不能靠看其外貌是否和善，说话是否中听，而要看其内在的德性，看他们是否有由内而外的仁德，而不是徒有其表。这在学习过程中既是重要的内容，即学习如何由内而外地拥有仁德德性，同时也是判断学习效果的标志，看人们是否都学到了精髓，学到了如何变得拥有仁爱和懂得如何表达仁爱。

3. 自省的精神

中国人有很强的自省精神，如果把握不好有时候甚至会表现得过于自责。我们前面已经提到过这种自责有很多坏处，但这里主要是讲真正的自省是怎么样的，人们应该学习哪种自省。在这方面孔子最亲密的弟子之一曾子曾经说过很重要的一句话，"我每天反省我自己：我替人计议事情，有没有尽了心？我对朋友，有没有不诚信的地方？我传授学业，有没有不纯熟的地方？"

这三个方面正是中国人自省的三个维度：一是，从事公共事务，是否真正为公共利益着想？二是，在人际交往中是否维护了诚信，实事求是地对待自己对待他人？三是，我传承或教授别人的学业，自己是否温习和熟练了，是否是合格的知识和德行的传承者？君子如何对待他人和自己是大问题，他人中涉及广泛公共利益的"陌生人"，这些人虽然和自己不熟识，但是基于事务的道义，我们要所言所行不损害他人的权益和利益；在和与自己熟识的人交往时，应该诚实地面对自己的能力和他人的实际状况，不隐瞒，不逞强，也不装作不行，实事求是地对待朋友的事情；说到对待自己，则也不与他人完全割裂，我们所谓的"自己"不过是传承一种德行和真理的通道，我们是一个环节，一个关键的承担道义者，人人都是承担者，应该意识到这种道义责任，主动肩负起来，熟悉自己应尽的义务和职责，传递知识和智慧，传递德性和公义，这样才是很好地反省了自己和自己对待他人的方式。因此荀子才说，"君子说：学习不可以故步自封……君子广泛地学习而又能每天检查省察自己,那就会见识高明而行为没有过错了"(《荀子·劝学篇》)。这种自省也是一种学习,同样,检点这些行为就是在学习如何行仁。

因此,当孔子的弟子樊迟询问什么才是仁时,孔子说,"在家守规矩,工作上一丝不苟,待人忠心耿耿,即使到了愚昧之地,也不可背弃这个做人的准则"(《论语·子路篇》)。一些看似简单的日常事情,恰恰是行仁践仁的落脚处。孔子的弟子子夏尊崇老师的教导,也进一步发挥说,"娶妻能够贵德而轻色;侍奉父母,能竭尽心力;服侍君上,能不爱生命;和朋友交往,诚信不欺。这样的人,虽说没有读过什么书,我也把他当作学习过的!"可见学习不是指学习具体书本知识和使用技能,而是指学习如何做一个有仁德的君子,人的一生无非就是做这样的一个人,行这样的一些事,除此而外还有什么称得上真正的学习呢?学习的所有内容不过如此罢了。

三 学习的效用

学习做君子是一生的事,但学做君子时会展示出一些外在的效果,我们当然不是为了这些才去学君子,但是这些效果可以帮助我们判断怎么样才是做到了君子应该成为的样子。孔子说,"一个君子,如果不庄重就不能使人敬畏,能够求学问就不至于顽固。一个人应当守住忠信的道理!不要主动和不如自己的人为友!如发觉自己有了过失,不要怕去改正!"可见,庄重是君子表现出的常态,这种庄重一方面是由于不断地学习、练习得来的,另一方面也会反过来促进人们的所学。庄重的益处在于能尊重自己也让别人对自己尊重，人们尊重我们并不是因为我们给他们带来了实际利益，而是在于我们展示了一种追求和维护正义和真理的作风，这种严谨审慎的态度能保持不断学习的良好姿态，我们展示庄重并非骄傲自满而是展示对他人的尊重，对恰当处理世间事务的决心和信心。因此人们才会看到我们的诚信，才会信赖彼此，只有这样，一个社会组织的行为才会保持良好运作，人与人之间才不会因为猥亵轻浮而拖延怠慢，一事无成。有人问古代哲人扬雄，"怎么样的可以称为人？"他回答说，"做到四种庄重，去掉四种轻浮，就可以称之为人了。这四种庄重是庄重的言语、庄重的行事、庄重的举止和庄重的爱好。言语庄重就会有准则，行事庄重就会有道德，举止庄重就会有威仪，爱好庄重就会有可以显示于人的特长"（《法言·修身篇》）。

中国古人还很好地形容过这种君子的仪态："君子的容貌要从容闲雅，遇见所尊重的人，就特别谦恭拘谨。君子足的仪态要稳重，不要懈怠；手的仪态要恭慎，不要妄加比划；目光的仪态要端正，不要斜视；嘴角的仪态要静止，不要乱动；语调的仪态要平静，不要随便咳嗽发怪声音；头的仪态要直向前方，不要歪脖子回顾；气度的仪态要严肃，不要轻浮；站立的仪态要身形微俯，如恭候对方授物的样子；面色的仪态要庄重，不要松懈轻佻；坐的仪态要如同象征受祭神灵那样敬慎庄严；君子平常家居、教人、使人时，要态度和善，不要让人感到严厉害怕。"（《礼记·玉藻篇》）

孔子还说，在学习君子的人生中，不要主动与在德性、学识等方面不如我们的人打交道，因为那样对我们德行长进没有助益。这难道是骄傲,看不起不如自己的人吗?其实并非如此,这里是特指在学习做君子的过程中应该慎重地选择朋友,《吕氏春秋·观世篇》中曾形象地讲到,"登山的人,登到的地方已经很高了,向左右看,高峻的山还在上边呢。贤人和人相处与此相似。自己已经很贤明了,品行已经很高尚了,向左右看,还尽是超过自己的人。所以周公旦说,'不如我的人,我不跟他在一起,这是牵累我的人;跟我一样的人,我不跟他在一起,这是对我没有益处的人'。只有贤人一定跟超过自己的人在一起。跟贤人在一起是能够办到的,那就是以礼对待他们"。我们都是山峰,不会有人羡慕比自己低的山峰,因为我们的目标都是长得更高,在德行的追求上尤其如此,如果我们总是和德性不如我们的人交往,我们便得不到提高,这和骄傲是两回事,骄傲是自满,而这里恰好是与贤达比较之后的自省,知道自己不如人,才奋发图强。这样也才能有机会做到孔子说的过而能改,因为有比较才知道差距、过失,才有动力改进。

人们往往害怕改变自己的错误,认为自己就是如此,将其归为自己的能力不足或者特殊的喜好,甚至以此张扬个性。实际上在儒家看来,人人皆可为尧舜,也就是人人都可以成圣成贤,只是努不努力的问题。人人都一样,我们一生面对的事务、困难都有很多类似之处,我们从来都不是像突然落入世界的孤单的一个人,我们总是以很多人活过的方式来生活,因此我们总是有可以从其他人那里借鉴的经验,多比较多观察,自然会发现哪种做法更好,孔子甚至说,只有那些不知道改正的错误才算错误,只要能改正都算不上真正的错误(《论语·卫灵公篇》)。因此君子也不去关注别人的过失，以嘲笑或鄙视别人，而是关注别人的善好，反省自己的不足，早上犯错晚上知道错了改过来就很好（《大戴礼记·曾子立事篇》），一时一事的错误并不可怕，怕的是不知道改错的心。

君子的过错之所以尤为重要，还在于君子是做人的榜样，如果一个人身居某职位，不能改正自身缺点和错误，那么便无法对自己的职责负责，也无法为下属树立榜样，取得信赖，甚至会危及自己继续从事这一职务的公信度。因此《春秋·公羊传》中子贡说，君子的过失就像日食月食一样，发生时大家都看得到，发生后人人又都仰目。

我们知道孝顺是学习做君子的重要内容，如果做好了便会有重大意义，孔子的弟子曾子总结说，"我们如果能够慎行亲长的丧礼，不忘记对祖先的祭祀，则风俗便自然会趋向厚道了！"荀子在解释这方面时说得最好，他说："礼，是严谨地处理生与死的。生，是人生的开始；死，是人生的终结。这终结和开始都处理得好，那么为人之道也就完备了。所以君子严肃地对待人生的开始而慎重地对待人生的终结。对待这终结与开始就像对待同一件事一样，这是君子的原则，是礼义的具体规定。看重人活着的时候而看轻人的死亡，这是敬重活人的有知觉而怠慢死人的没有知觉，这是邪恶之人的原则，是一种背叛别人的心肠。君子拿背叛别人的心肠去对待奴仆、儿童，尚且感到羞耻，更何况是用这种心肠来侍奉自己所尊重的君主和亲爱的父母呢！再说死亡有一条规律，就是每人只死一次而不可能再重复，所以臣子要表达对君主的敬重，子女要表达对父母的敬重，在这个时候也就到头了。所以侍奉生者不忠诚笃厚、不恭敬有礼，就称之为粗野；葬送死者不忠诚笃厚、不恭敬有礼，就称之为薄待。君子鄙视粗野而把薄待看作羞耻。所以天子的棺材有七层，诸侯五层，大夫三层，士两层；其次，他们又都有衣服被子方面或多或少、或厚或薄的数目规定，都有棺材遮蔽物及其花纹图案的等级差别；用这些来恭敬地装饰死者，使他们在生前与死后、开始一生时与结束一生时都像一个样子，使这始终如一的完全满足成为人们的愿望，这是古代圣王的原则，也是忠臣孝子的最高准则。天子的丧事牵动整个天下，聚集诸侯来送葬。诸侯的丧事牵动有友好交往的国家，聚集大夫来送葬。大夫的丧事牵动一国，聚集上士来送葬。上士的丧事牵动一乡，聚集朋友来送葬。百姓的丧事牵动州里，集合同族亲属来送葬。受过刑罚的罪犯的丧事，不准聚集同族亲属来送葬，只能会合妻子儿女来送葬，棺材三寸厚，衣服被子三套，不准文饰棺材，不准白日送葬，只能在黄昏埋葬，而且妻子儿女只能穿着平常的服装去埋掉他，回来后，没有哭泣的礼节，没有披麻戴孝的丧服，没有因为亲戚的亲疏关系而形成的服丧日期的等级差别，各人都回到自己平常的情况，各人都恢复到自己当初的样子，已经把他埋葬之后，就像没有死过人一样而什么也不做，这叫作最大的耻辱。"（《荀子·礼论篇》）这些看似繁琐的礼仪不应该流于形式，但是也必须保持一定的形式，以便彰显其被重视的程度，只有这样，人们才会在他人的生死大事上升起敬重的心，在对待他们时才会合理合宜，既得体又有良好效果，这也就是孝顺的效果。

学习做君子还会达到其他效果，上面讲了君子会表现得庄重，严肃对待生死大事，同样，在处理政务方面，他们也会天然地受到重视，孔子就是这样。孔子的弟子子禽问他的同学子贡，"我们的老师每到一个国家，便和这个国家的政治有关。这种身份，是我们老师去求来的呢？还是人家自愿给他的？"子贡说："我们的老师是由于温厚、善良、恭敬、俭约、谦让而得到这个地位的。你如果要说他是求来的，那恐怕跟别人的求有点不同吧！"可见孔子在学习做君子时会发生这样的事，这些不是孔子故意求来的，他不是为了做官或谋取个人利益而这样做人做事，而是因为这样的做人态度才得来众人的推崇和信赖。因此学做君子的重要效用也表现在获得他人肯定和追随方面，人们愿意信赖你，让你帮助处理与正义相关的公共事务。

四 学习的境界

学习做君子的境界总体来说就是一个字"和"，2008年北京奥运会开幕式上也出现了这个汉字的演变历史，它不只是和平的意思。孔子的弟子有子说，"在行礼的时候，以能斟酌中道为最可贵。先代传下来的道理，最好的就是礼；不过我们如果大大小小的事情都要死板地照着礼，有时候就行不通；所以我们必须用和。但若知道和的重要而一味用和，不用礼来节制，那也是不行的"。和平不是懦弱和无规则地妥协，要有礼有节，有秩序讲规范。这才是"和"的正解，有些人将儒家的"和为贵"错误地理解为相互妥协苟且，甚至狼狈为奸形成利益链或犯罪链，这是错误的，也是儒家反对的。"和"的境界在一个人身上表现为"喜怒哀乐这些情绪没有表达出来时就是处于'中'的状态，表达出来后能够恰如其分，没有过度也没有不足，那样就叫作'和'"。

具体而言，在行孝、与人相处和自处中也可以看到君子能达到的境界。

君子学习如何孝顺可以从他在家中的行为和志向来考察，正如孔子所说，"要观察一个人子是不是孝顺，当他父亲在世的时候，只看他的志向怎样；当他父亲去世以后，可从他的行为看。如果这个人能在三年里面不改变他父亲生平所行的道，那就可说是孝了！"父亲的道从来都不是父亲私人的，父亲所行的道不是某种职业，我们不必非要沿袭他的职业，父亲的道是指人人都应该学习和向往的真理，这里的父亲之道除了父亲在世时领会到的真理以外，还包括他向往的真理。

我们应该继承和保持的是这种普遍的真理，而不是父亲琐碎的习惯。当然，父亲的习惯或者日用家居摆设等也都是要慎重对待的事物，因为那代表着父亲的人格和精神取向，他的房间应该按照他在时保留，以便子女怀念他在世时的样子，这样做一方面可以缅怀父亲，另一方面可以激励我们自己，让我们了解到父亲这些习惯和行为的意义。当然如果父亲所作所为是不善的，比如，小到酗酒偷窃，大到杀人行凶，这些能算父之道吗？当然不算，因为"道"自有其公义性，那些恶事称不上道，那么，如果父亲行的事是这些恶事怎么办？如何不改其道呢？这就需要弄清楚父亲为什么会那样做，人们做事总是有所目的或者有所预期的，他们这样做或许是为了达到一个善好的目的运用了不良的手段，或许是在追求善道时误入歧途，我们守的应该是那个善好的愿望，继续从父亲身上吸取教训，知道那条路走不通，继续替父亲探索真理，承担正道，这才是不改父之道的正意。

在与人交往时，儒家讲求信义、恭敬，正如有子所说，"一个人对人家所作的诺言如能近于义，那这个诺言就可以保得住。如果对人的恭敬能合于礼，那便不至于为人所轻视；如果一个人能够依靠可亲的人，这也是可以为我们所效法的"。这也是君子在与人交往时达到的境界。

而君子自处时又如何呢？孔子说，"一个君子能够不以饱食、安居为生平的目的；勉力于应做的事情而出言谨慎；又能够向有道德的人请教，这样，就可以说是好学了"。他还和子贡有如下对话，子贡说："一个人贫困而不谄媚，富贵而不骄傲。这种人老师看怎么样？"孔子说："很好啦！但还不如贫困而能乐道，富贵而能好礼的人。"子贡说："《诗经》上说'如切如磋，如琢如磨'。这两句诗就是形容这样一个人的啦？"孔子说："像赐这样的人才可和他谈诗呀！告诉他一件事，他就能悟出一种道理来。"孔子主张的君子境界正是这种乐道好礼的人，没有对环境的抱怨，只有自己不断地努力的境界，不论你身处怎样的外部环境，总是以追求道义为第一要务，不受其他环境影响，这样才是真正和自己在一起，才是真正地成就自己和完善自己。

富人和穷人都面临这样的问题，《左传》记载了富人因骄奢而失败的例子，当初卫国的公孙文子上朝请求设享礼招待卫灵公。退朝，见到史鳅告诉了他。史鳅说："您必然招来祸患了！您富有而国君贪婪，祸患恐怕要到您身上啦！"文子说："是这样。我没有先告诉您，这是我的罪过。国君已经答应我了，怎么办？"史鳅说："没有关系。您谨守臣道，可以免祸。富有而能谨守臣道，一定能免于祸难。无论尊卑都适用这一原则的。戍骄傲，恐怕要逃亡吧！富有而不骄傲的人很少，我只见到您一个。骄傲而不逃亡的人，我还没有见过。戍必定要成为其中一个。"等到公叔文子死了，卫灵公才开始讨厌公叔戍，因为他富有(《左传·定公十三年》)。

穷人也应该了解贫困不是自己不向善求道的充足理由，同样贫困也不在于金钱和物质上的贫困，庄子笔下的孔子说："君子通达于'道'，叫作通达；穷困于道，叫作穷困。现在我们抱守着仁义之道，而遭到乱世的灾患，怎么能够算是穷困呢？所以，内心自省，并不穷困于道；面临患难，并没有失掉'德'"，弟子子贡恍然大悟道："古来得'道'的人，穷困也是快乐的，通达也是快乐的，所快乐的并不是由于穷困和通达。把'道'得到身上，穷困和通达只不过像寒暑、风雨的时序罢了。"(《庄子·让王篇》)

可见君子行道不在乎穷富，关键是如何符合道义地言行，而且这样的言行最终不是为了别人，而完全是为了使自己成为一个真正的君子，一种以身担道的完善人格。这样的人正如孔子所说，是不会担心自己不被别人了解的，他们担心的是不了解别人的德性、德行，无法向人学习，了解是非曲直，反省自己的类似过失，这样始终如一的学习态度才会成就一位君子，而且人人都可以成为君子，人人都应该有这样的学习意识，尽力达到这样的学习境界，而不是停留在学习具体知识和技能上，重要的是培养我们自身的健全人格，而不是攫取外在的名誉地位。

附录三　《论衡·问孔篇》辨正[*]

王充的《论衡》写于汉明帝永平末至章帝建初末的十余年间。正是在章帝年间，皇帝亲临白虎观，大会经师，钦定经义期间汉章帝命班固把会议的内容编纂成《白虎通义》，郑重其事地把一套谶纬迷信和天人感应的学说定为宗教化的国家意识形态。王充激烈地批判官方这种宗教化庸俗化的今文经学，批判了天象物候与人类社会相互感应的思想、世俗的迷信。这些是可取之处，但同时王充在对当时儒生的批评时涉及对孔子的问难，特别是对《论语》中记述的问难，有一些可能直到今天还有人会提出来，并且就此有人可能产生轻薄孔子和《论语》的想法。为辨别正义本文要做的就是根据后世研读和解释《论语》的成果来辨别哪些问难是有益的，而哪些又是虚妄的，并示例答复一些他提出的关于孔子和《论语》的问题。

一　总体上如何对待孔子言语的问题辨正

王充说："世儒学者，好信师而是古，以为贤圣所言皆无非，专精讲习，不知难问。夫贤圣下笔造文，用意详审，尚未可谓尽得实，况仓促吐言，安能皆是？不能皆是，时人不知难；或是，而意沉难见，时人不知问。案贤圣之言，上下多相违；其文，前

---

[*] 作者：梁中和，四川大学哲学系教师。

后多相伐者。世之学者，不能知也。"①

上文实际是在问：第一，能否把《论语》中讲的辨别是非的功夫用在《论语》和孔子自身？第二，孔子说的话是否"皆是"？第三，即便"皆是"又可否问其中因其他原因而意义不明或看起来上下不一致的地方？第四，学者应该学的仅是那些语言讲论，还是要自己去"知"是非？

第二个问题答案很明确："皆是。"孔子不是因为大家给了他一个"圣人"的称号而所说的就"皆是"，而是我们每每发现我们能理解的那些孔子的话，他的为人行事都是无与伦比的，所以才称他为"圣人"。孔子当然不一定把世上每个大小问题都给出了"是"的说法，但就他留给我们的那些话来说，已经包含了世上所有问题的根本，如果细心体会可以自己知道种种事物的是非。

其他问题其实都不成问题，大家当然可以把《论语》中讲的辨别是非的功夫用在《论语》和孔子自身，也可以问其中因其他原因而意义不明，或看起来上下不一致的地方，同样应该自己去"知"是非，如果当时汉儒真的如王充说的不允许说这些话，那只说明是那些儒生错了。

二 对王充提出的一些虚妄问题的辨正

1. 王充说："孔子之言多若笑弦歌②之辞，弟子寡若子游

---

① 引文、注解等均出自黄晖《论衡校释·卷九问孔篇》。
② 《论语·阳货》篇：子之武城，闻弦歌之声，夫子莞尔而笑曰："割鸡焉用牛刀？"子游对曰："昔者，偃也闻诸夫子曰：'君子学道则爱人，小人学道则易使也。'"

之难，故孔子之言，遂结不解。"这是妄语。《论语》中孔子强调"敏于事而慎于言"，这里只是像朱子说的"故夫子骤闻而深喜之，因反其言以戏之。而子游以正对，故复是其言，而自实其戏也"。此义方正。

2. 王充说："凡学问之法，不为无才，难于距师，核道实义，证定是非也。"其实《论语》中何尝不是处处核道实义、证定是非呢？只是我们在发问时要先取"敬"的态度，而不是妄发探问，如果不了解孔子在说什么就随意横加指责，更有甚者横加指责老师，对老师及其代表的道义没有基本的敬意，那么又如何去核道实义、证定是非呢？没有"敬"就不可能提出真正的有益的问题。王充本人的确细致了解过儒家典籍，但他没有持"敬"的态度，持敬不是盲目妥协，恰恰相反，而是不盲目论断的保证。初学者往往有必要的忤逆之习，但如果不先以"敬"教之，如何切实切道地体察圣人用心呢？今天很多学生特别是哲学系的学生往往有种骄傲，他们在没有了解他人想法时就已经给出了是非判断，对别人的问题所代表的道义追问无敬无让，当然就和王充一样了，这种发问只能暴露他们自己的浅薄轻浮。

3. 关于"孟懿子问孝"和"孟武伯问孝"给出的详略不同的答案问题。王充主要是问："周公告小才敕，大才略。子游之大才也，孔子告之敕；懿子小才也，告之反略。违周公之志，攻懿子之短，失道理之宜。"他知道孔子是因材施教的，问题只是为什么对于小才不去详细讲解，而对大才却说许多。

附录三 《论衡·问孔篇》辨正

徐复观先生说王充理解力有问题,比如这个问题就是因为他不了解孔子重启发,不要学生养成"轻问而轻忘"的恶习,这是对的,但徐先生又揣测说樊迟会告诉孟懿子①,这就跟着王充一起走"过"了,因为子曰"不愤不启,不悱不发,举一隅不以三隅反,则不复也"(《论语·述而》),孟懿子问孝就属于那种"不愤"、"不悱"、"举一隅不以三隅反"的学生,孔子当然不会再向他"说教"。这样的疑问来自人们对孔子因材施教的错误理解,前人如周公是否说过"告小才敕,大才略"并不重要,重要的是这样的观点基于人的资质,也就是孔子说的中人以上中人以下②的问题。王充以为对小才就要劳苦一些,说多一些,而对大才就省心一些,简略一些,这是断章取义,孔子不会因为人家理解不了自己的话而反复向别人解释,因为为学在己,他把学生看成可以志于学的、有学的能力的"学者",而不是只会接受传授的"听者",这样的教育也就是所谓的启发式教育,让学生自己去用力探究,谁有心得或疑问就来一起讨论,而不是灌输式教育,不管人家有没有切己考察就说教很多。

至于王充又进而妄自揣度说:"如以懿子权尊,不敢极言,则其对武伯亦宜但言毋忧而已。(但)〔俱〕孟氏子也,权尊钧同,(形)〔敕〕武伯而略懿子,未晓其故也。"这就是典型的以

---

① 徐复观:《两汉思想史》(卷二),华东师范大学出版社,2001,第364页。徐先生虽然逐条驳斥了王充,但并没有充足而有益的驳斥和辨正,所以这里不太多讨论他的驳斥。

② 《论语·雍也》:子曰"中人以上,可以语上也;中人以下,不可以语上也。"

小人之心度君子之腹了。他以常人"畏惧权势"的习气来揣度孔子有"私心",这是最可恶的,也是不以"敬"治学的坏处,这是以自己的"私心"来妄想圣人的良苦用心,最后我们还是不会因为小人私心的理解而疑惑于圣人用心,两下清浊自现泾渭分明。如果后来的《论语》读者以王充这样的私心揣度为当时"真相"那就太愚陋无知了。

后文又问:"康子患盗,孔子对曰:'苟子之不欲,虽赏之不窃。'由此言之,康子以欲为短也。不攻,何哉?"也是这种妄自揣度。

4. 王充问《论语·公冶长》中一章①:"昼寝之恶也,小恶也;朽木粪土,败毁不可复成之物,大恶也。责小过以大恶,安能服人?"胡适说这章责孔子最有理,徐复观不以为然②,但没有给出一些有益的驳斥,我认为丁纪先生的解释是正解③,结合"听其言信其行"和"听其言观其行"的变化来看,孔子这里严厉的指责是恰当的。孔子不会像王充、胡适之流真的只看见别人白天睡觉就开骂,后人没有想到《论语》中没有提到的生活世界和其他人的言语、行动等,这里我们应该细心体会之所以有这样的批评的缘由,而不是"一叶障目,不见泰山",以为孔子单单就为那件小事而责怪学生。

---

① 宰予昼寝。子曰:"朽木不可雕也,粪土之墙不可圬也!于予与何诛?"
② 徐复观:《两汉思想史》(卷二),华东师范大学出版社,2001,第365页。
③ 丁纪:《论语读诠》,巴蜀书社,2005,第125~126页。

王充又以为"是孔子备取人也。毋求备于一人之义，何所施？"这就是曲解，孔子深知为学在己不在人，哪里会对人过分地求全责备呢？这里孔子是"诲人不倦"地告诫宰予，孔子不是在技术专科学校培养各种"专业"人才，他对于曾经说出那样的话的人"信其行"，结果因为"宰予昼寝"不得不"观其行"。这是要宰予成为"君子儒"，要他"闻过则喜"，最后至善不迁。

5. 王充以自己的理解来问难《论语·公冶长》一章①："问曰：子文举子玉，不知人也。智与仁，不相干也。有不知之性，何妨为仁之行？五常之道，仁、义、礼、智、信也。五者各别，不相须而成。"首先孔子没有说过"五常之道……不相须而成"这样的话，将自己的观点强加给孔子，这是一般人读《论语》的通病。至于智与仁以及仁、义、礼、智、信间是什么关系，这要看整部《论语》来理解，而不是自以为是地发问。

王充还问颜回和冉伯牛："一死一病，皆痛云命。所禀不异，文语不同。未晓其故也。"也是这样的情形，他不知道孔子所说的"命"以及当时情形而生拉硬扯地发问。又如问："孔子曰：'凤鸟不至，河不出图，吾已矣夫。'夫子自伤不王也。"也是如此。

---

① 子张问曰："令尹子文三仕为令尹，无喜色；三已之，无愠色。旧令尹之政，必以告新令尹。何如？"子曰："忠矣。"曰："仁矣乎？"曰："未知，焉得仁？"

271

6. 王充问："孔子见南子，子路不悦。"一章①，他的理解②固然不足取，但说明要正解：

按照丁先生的看法，子路不悦是因为担心"以南子之恶，得夫子一见之后，遂得以辩护与洗刷"，这里孔子的意思应该是"若南子之声名与作为，正我所不取也。且其已遭天弃矣！已遭天弃矣！"③ 此义方正。

---

① 子见南子，子路不说。夫子矢之曰："予所否者，天厌之！天厌之！"
② 问曰：孔子自解，安能解乎？使世人有鄙陋之行，天曾厌杀之，可引以誓；子路闻之，可信以解；今未曾有为天所厌者也，曰天厌之，子路肯信之乎？行事，雷击杀人，水火烧溺人，墙屋压填人。如曰雷击杀我，水火烧溺我，墙屋压填我，子路颇信之；今引未曾有之祸，以自誓于子路，子路安肯晓解而信之？行事，适有卧厌不悟者，谓此为天所厌邪？案诸卧厌不悟者，未皆为鄙陋也。子路入道虽浅，犹知事之实。事非实，孔子以誓，子路必不解矣。

孔子称曰："死生有命，富贵在天。"若此者，人之死生自有长短，不在操行善恶也。成事，颜渊蚤死，孔子谓之短命。由此知短命夭死之人，必有邪行也。子路入道虽浅，闻孔子之言，知死生之实。

孔子誓以"予所鄙者，天厌之"！独不为子路言：夫子惟命未当死，天安得厌杀之乎？若此，誓子路以天厌之，终不见信。不见信，则孔子自解，终不解也。《尚书》曰："毋若丹朱敖，惟慢游是好。"谓帝舜救禹毋（子）〔私〕不肖子也。重天命，恐禹私其子，故引丹朱以救戒之。禹曰："予娶若时，辛壬癸甲，开呱呱而泣，予弗子。"
③ 丁纪：《论语读诠》，巴蜀书社，2005，第179页。

三 有助于进一步思考的问题辨正

1. 王充问难《论语·里仁》中一章①："夫言不以其道，得富贵不居，可也；不以其道，得贫贱如何？"这是有益的追问，有助于我们进一步思考，按照丁纪先生的考察，这里的"得"不是"获得"，因为正如王充所问"贫贱"不可以获得，而是"实现"②的意思，相对于"所欲"而言的，这是正解。

2. 王充问《论语·公冶长》中一章③："实不贤，孔子妻之，非也；实贤，孔子称之不具，亦非也。"这也是有益的追问，正解是这里的"虽在缧绁"是假设语④，不是实指，是说即便他在"缧绁"也非其罪，与"获罪于天"不同，这是极言之，孔子判定即便公冶长在缧绁，也不会做出获罪于天的事。

3. 王充问《论语·公冶长》中一章⑤："至是一章，独以子贡激之，何哉？"为什么唯独这里用子贡来说颜回？这个追问其实没有照顾到前几章，子贡问曰："赐也何如？"子曰："女，器

---

① 子曰："富与贵，是人之所欲也，不以其道得之，不处也；贫与贱，是人之所恶也，不以其道得之，不去也。君子去仁，恶乎成名？君子无终食之间违仁，造次必于是，颠沛必于是。"
② 丁纪：《论语读诠》，巴蜀书社，2005，第93页。
③ 子谓公冶长："可妻也，虽在缧绁之中，非其罪也！"以其子妻之。子谓南容，"邦有道，不废；邦无道，免于刑戮。"以其兄之子妻之。
④ 丁纪：《论语读诠》，巴蜀书社，2005，第114~115页。
⑤ 子谓子贡曰："女与回也孰愈？"对曰："赐也何敢望回？回也闻一以知十，赐也闻一以知二。"子曰："弗如也，吾与女，弗如也。"

也。"曰:"何器也?"曰:"瑚琏也。"这是子贡想了解孔子对自己的评价,孔子说像"器",大家都知道"君子不器",这里孔子如实地说即便是器也是祭祀用的礼器"瑚琏"。一方面我们要看到孔子对子贡深许,另一方面,或许可以联系王充所问而说这里的确有指责子贡的意思,因为君子"不患人之不己知,患不知人也",子贡在乎孔子对自己的了解和评价,这一问本身说明子贡对"己"成德与否有外在判定的期许,他没有深自检讨而是求助于别人的看法,即便是求助于孔子的看法也是与"不患人之不己知,患不知人也"稍相违背的,所以我以为下面一章孔子问子贡是否比得上颜回就是看他是否"知人",他说不如,那么说明他是做到了知人而知是非的,孔子的用心在这里,而不是任意比较或自己不确定而向门人求得认同。这是正解。

4. 王充问《论语·子罕》一章①:"言夷狄之难,诸夏之易也。不能行于易,能行于难乎?"这是不知道为什么孔子会去居九夷,以及如何可能。这显然是把孔子的话看得太死板,其实这里的话应该和"乘桴浮海"、"人能弘道"等联系起来看,朱子已经说明过了。之所以把这个问题放在有益的问题里不是因为王充给出的答案,而是因为这样的问题会引导我们进一步贯通孔子的意思,不要看死了,应该联系上下文体会孔子的话。

---

① 子欲居九夷。或曰:"陋,如之何?"子曰:"君子居之,何陋之有?"

小　结

　　其他本文没有提及的那些问难，都可以参看朱子和后世注疏及今人如丁纪等先生的著作，而了解王充到底在哪些方面提错了问题或理解错了问题，哪些又有益于进一步追问和体会。本文只选了一些代表，列举一些王充的典型提问，因为我们认为对于他的《问孔》，辨正不在于逐条驳斥，而是在于在其中学会如何正确地发问和正确地了解孔子和《论语》。

图书在版编目(CIP)数据

回归心灵的安乐:《论语》的智慧/梁瑾编著.—北京:社会科学文献出版社,2013.11
 ISBN 978-7-5097-5061-2

Ⅰ.①回… Ⅱ.①梁… Ⅲ.①儒家 ②《论语》-研究 Ⅳ.①B222.25

中国版本图书馆CIP数据核字(2013)第214472号

回归心灵的安乐
——《论语》的智慧

编　　著 / 梁　瑾

出 版 人 / 谢寿光
出 版 者 / 社会科学文献出版社
地　　址 / 北京市西城区北三环中路甲29号院3号楼华龙大厦
邮政编码 / 100029

责任部门 / 皮书出版中心 (010) 59367127　　责任编辑 / 陈晴钰　王　颉
电子信箱 / pishubu@ssap.cn　　　　　　　　责任校对 / 刘广增
项目统筹 / 邓泳红　　　　　　　　　　　　　责任印制 / 岳　阳
经　　销 / 社会科学文献出版社市场营销中心 (010) 59367081　59367089
读者服务 / 读者服务中心 (010) 59367028

印　　装 / 三河市东方印刷有限公司
开　　本 / 787mm×1092mm　1/16　　　　　印　　张 / 18
版　　次 / 2013年11月第1版　　　　　　　　字　　数 / 193千字
印　　次 / 2013年11月第1次印刷
书　　号 / ISBN 978-7-5097-5061-2
定　　价 / 49.00元

本书如有破损、缺页、装订错误,请与本社读者服务中心联系更换
▲ 版权所有　翻印必究